# Eliana Toro

# Este no es un libro de autoayuda.

(Solo lo que deseé haber sabido antes).

Texto 2018

**ISBN:** 9781719829045

Todos los derechos reservados

Autora. Eliana Toro

Diseño tapa e imágenes.

© Eliana Toro

Editor:

© 2018 M.A.M. Editorial

© 2018 Miguel A. Morra

miguel.morra@gmail.com

# Eliana Toro

# Índice

# PRÓLOGO

Eliana tiene un pensamiento recurrente, persistente y fugaz, que transcurre cada vez que pasamos por la esquina de Godoy Cruz y 9 de Julio, de la Ciudad de Mendoza.

Ella cree que no me doy cuenta, pero sí. Su triste mirada lo dice todo, por más que me hable de otras cuestiones, triviales ellas.

Allí fue el lugar donde cambió su vida, de una vez y para siempre, el 17 de abril de 2016. Fue después de que un desaprensivo taxista la embistiera de madrugada, cuando se dirigía a trabajar en su pequeña moto.

El impacto destrozó su pierna en mil pedazos. Y en cantidad similar quedaron rotos —y dispersos— todos sus sueños.

Pasó por media docena de intervenciones quirúrgicas y millones de horas de rehabilitación, que le sirvieron para poco y nada, ya que su pierna se resiste a volver a ser lo que era.

He sido testigo directo de sus insoportables dolores. También de las angustias que la invaden en todo momento. Son como fantasmas de los cuales no puede escapar. Dicho sea de paso, todo indica que jamás lo hará.

Su lucha es diaria, constante, contra sus propios demonios. ¿Cómo sostenerse en el tiempo sabiendo que uno jamás volverá a ser lo que fue alguna vez? ¿Cómo no caerse, una y otra vez?

Este libro habla de todo eso y mucho más. Describe en primera persona los avatares de Eliana, sus pensamientos más profundos y sus temores.

Es ciertamente un manual infalible para aquellos que han sufrido un trauma similar al que ella debió —y aún debe— sobrellevar.

También es una fuente inagotable de la cual podrán abrevar aquellos que precisan hacer su propia catarsis.

No hay aquí palabras de ocasión ni frases hechas. Tampoco facilismos de los utilizados por los libros de autoayuda.

Es un relato elocuente y real, contado por alguien que debió transitar su propio vía crucis, en casi completa soledad. Es uno de los motivos que convierten a este libro en una obra útil y práctica.

Porque, como bien dijo alguna vez el poeta Marco Valerio Marcial, "el verdadero dolor es el que se sufre sin testigos".

Christian Sanz

# INTRODUCCIÓN

Lo malo -y peligroso- de sentirse infeliz es que la mayoría de las veces algo peor ocurre que nos hace sentir que antes no éramos tan infelices como pensábamos.

En el año 2016 tuve un accidente automovilístico que me cambió la vida, a solo cuatro meses de que mi madre falleciera de un cáncer repentino y fulminante. Los médicos me explicaron, para que pudiera entender la gravedad del asunto, que estuvieron a punto de amputarme la pierna izquierda. Durante los años siguientes a que un taxi me atropellara cuando iba en moto hacia mi trabajo, entendí que la amputación hubiera sido lo mejor.

Adicción a los opiáceos, dolor crónico, ruptura de la mayoría de los lazos afectivos que tenía con los que me rodeaban y fantasías con mi propia muerte fueron algunas de las cosas que me dejó la experiencia.

No, no me di un baño de aprendizaje existencial y mentiría si dijera que descubrí el santo grial de la felicidad cuando terminó todo, porque nada terminó aún.

Muchos me preguntaron por qué no conté o compartí nada sobre esto antes. A veces tenía ganas de escribirlo todo, pero el dolor me dejaba sin palabras.

Me alcanzaron innumerables libros de autoayuda mientras estuve convaleciente. Historias tal vez mucho más duras que las mías o de autores de best sellers que jamás habían tenido una piedra en su camino, pero que sabían expresar y transmitir lo que querían decir.

"Valorá el presente", "tené pensamientos positivos", "luchá", "esto también pasará", "seguí adelante", "pensalo y lo lograrás".

Los apreciaba, y sabía que había un significado poderoso y un mensaje bienintencionado en ellos, pero tan solo no me llegaba. No lo entendía. Era inaplicable. Es como cuando comprendés las canciones de amor recién cuando estás enamorado, y antes son solo melodía y letra. Pegadiza, pero sin sentido.

El ser humano puede ser el más inteligente y evolucionado del reino animal, pero definitivamente precisa de otros humanos para sobrevivir.

Solo para llegar al mundo es necesaria la ayuda de un tercero que colabore. Médico, enfermera, policía, bombero o peatón circunstancial. Mientras las hembras se aíslan a parir solas una decena de crías, las mujeres necesitan de la ciencia, sabiduría y compañía humana solo para que una nueva vida pueda llegar a ver la luz.

La conexión con otros hace que estemos acá. La empatía y la compasión son necesidades, no lujos.

Cada vez que alguien me regalaba un best seller de superación personal o me decía una de sus frases trilladas, era como estar en el medio del desierto pariendo sola y que, de repente, me cayera desde una avioneta un libro titulado "Cómo parir en soledad: un texto de autoayuda". Y ojo, eso no es lo peor: puede suceder que ni siquiera pase una avioneta por allí.

No necesitaba que nadie me dijera cómo salir de lo que me estaba ocurriendo, cómo apreciar el presente o convencerme de que el momento pasaría. El presente ardía, el pasado me carcomía y el futuro era incierto. Solo necesitaba silencio y algo de empatía. Parece tan poco, pero, de tan simple, se hace difícil de conseguir... y también de dar.

No, este no es un libro de autoayuda. No sé si tengo lección, consejo, moraleja o conclusión para suministrar; no descubrí la panacea.

No puedo decir que valoro todo lo que me pasó para llegar adonde estoy ahora, porque la realidad es que hubiera pagado por no vivirlo ni aprender nada. "Si el sufrimiento trae sabiduría, entonces quisiera ser menos sabio", decía Yeats.

Esta es solo mi historia y lo que deseé haber sabido antes. Sí, fue liberador escribirlo con total honestidad; y si quien tiene este libro en sus manos está sufriendo de cualquier forma, me gustaría decirle, si aún nadie lo hizo: "Te entiendo: lo que te está pasando es una real y total mierda. No te lo mereces y ojalá lo atravieses de la mejor forma posible".

Más que un libro de autoayuda, este es un libro que se dispone a enseñar a las personas a acompañar a otras...

# CAPÍTULO I

## EL DEL APAGON

Y se apagó todo. Tan rápido que no sentí que fuera un desmayo. No percibí ese típico desvanecimiento o aflojamiento de piernas. Tan solo se apagó todo; tanto, que pensé que estaba soñando.

Me lo contarían después, varias veces en rehabilitación. Sobre todo albañiles y obreros que caían accidentalmente desde grandes alturas. Yo no terminaba de salir de mi asombro por esos testimonios que refrendaban el misterioso "apagón". El no sentir nada cuando caes porque tu cerebro dejó de funcionar apenas lo hiciste.

Es llamativa la cantidad de trabajadores de la construcción que pulula en los centros de rehabilitación. El daño colateral menos visible de la urbanización permanente.

Esperaba mi turno para entrar en el consultorio de la psiquiatra y pensaba en lo asombroso del asunto, del cual jamás había oído. O era un genial mecanismo cerebral de autoprotección que pocos sabían que tenían hasta que lo experimentaban o bien era el regalo de Dios más impresionante que podía existir.

El traumatólogo había insistido en que tenía estrés postraumático y que debía tratarme para "volver a ser yo". La idea me pareció absurda, yo ya no era "yo". De hecho, alguien debía ayudarme a despedirme de mi viejo "yo" y poder ser esa nueva "yo" que desconocía, pero finalmente accedí.

La médica gritó mi nombre desde atrás de la puerta de su consultorio y con dificultad ingresé. Le comenté lo que había escuchado antes en el otro salón sobre el "apagón" y le conté que me había ocurrido lo mismo.

Me explicó que el fenómeno se llama "síncope vasovagal", una pérdida de conciencia brusca y temporal por el cese de flujo sanguíneo cerebral a causa de un evento estresante o inesperado. Los vasos se dilatan, el corazón late con menos fuerza, el cerebro se resiente y la presión cae en picada.

En vez de actuar el sistema nervioso simpático, que nos permite huir, estar alerta o luchar, lo hace el parasimpático, y da la orden de permanecer lo más quieto posible, de apagar todo, de no sentir nada.

"¿Y si alguien decide por voluntad propia tirarse de una altura considerable, también sufriría el apagón antes de tocar el piso?", le pregunté a la psiquiatra mientras parecía estar concentrada en otros asuntos.

"Eso no sería un evento inesperado, sino esperado por la persona. Lo sentiría. Sufriría", enfaticé.

"¿Vos te quitarías la vida tirándote de una altura considerable?", me indagó sin observarme.

"Oh, no. Yo lo haría de una manera hermosa". Me miró fijo, con una mezcla de asombro y preocupación.

La misma mirada me la había echado mi maestra de 7mo grado cuando vio mi respuesta de un test de personalidad donde nos pidió describir varios escenarios naturales, entre ellos una cueva, la cual, sin decírnoslo, claro, representaba la muerte. La mayoría de mis compañeros la interpretó con palabras como "miedo", "temor", "oscuridad", "frío". Yo la califiqué con un solo vocablo: "refugio".

*********

Esas semanas había tenido muchos sueños relacionados a mi trabajo. Básicamente soñaba eso: que hacía mi trabajo, el mismo que cuando en minutos sonara el despertador del celular iba a tener que hacer. Tal vez era la rutina la que empezaba a afectar la corteza de mi cerebro.

Eso provocaba que me levantara de pésimo humor y actuara solo por inercia. Prefería soñar la más banal de las cosas, pero no que mi trabajo se extendiera de manera retroactiva en el tiempo gracias a mis sueños.

Ese domingo del "apagón", a las 6 de la mañana, me desperté automáticamente. Demasiado. Automáticamente me vestí. Automáticamente me cepillé los dientes. Y automáticamente me maquillé. Jamás salía a ningún lado sin aunque sea taparme las ojeras; y rara vez no me pintaba, incluso para estar en casa. Estar sin maquillaje me hacía ver enferma.

Alcancé a murmurar que no tenía ganas de ir al diario ese día, tal vez por la presión tan antidomingo que significa editar un diario online el día menos noticioso de la semana. Era buena en lo que hacía, pero sentía que había llegado a un techo, más alto de que había imaginado, pero techo al fin.

Christian, desde la cama, y quien me había escuchado protestar, se ofreció a reemplazarme. Me negué. No tenía sentido no ir para que fuera él a suplantarme, quien ya hacía la edición de todo el resto de la semana.

Además, la gracia de faltar era quedarme en la cama justamente con él haciendo nada hasta el mediodía, como toda pareja normal durante un día domingo.

Era realmente impresionante la capacidad que teníamos de hacer nada juntos y disfrutarlo. Estar tirados en la cama o el sofá viendo una película repetida y mala solía ser un excelente plan para nosotros, aún si estábamos invitados al evento más "tendenciero" del año.

Podíamos estar juntos haciendo cosas por separado y estando separados enviarnos mensajes todo el tiempo, esperando el momento para estar juntos, aún después de ocho años de convivencia.

Sin embargo, siempre mantuve esa saludable distancia entre pareja a pesar de la confianza ciega que nos teníamos el uno al otro, como no ir al baño con la puerta abierta, de no depilarme frente a él, de que ningún sonido anatómico se me escapara en su presencia o que ni siquiera se enterara en qué momento del mes estaba menstruando.

Bajé hasta la cochera del edificio donde vivía para arrancar mi scooter Zanella de encendido eléctrico. Me costaba lograrlo los días gélidos, más que nada porque la usaba solo los domingos y era difícil despertarla del letargo.

Finalmente lo conseguí y atravesé el Centro enfundada en decenas de capas de ropa para soportar el frío de las primeras horas de esa mañana de otoño. Hacía tres años que forjaba la misma rutina y estaba acostumbrada a encontrarme con todo tipo de personajes de domingo a primera hora.

Era un momento cuasi patético donde nos topábamos justo los que empezábamos el día trabajando, con los que venían de las fiestas de la noche anterior. Unos motorizábamos el sistema y los otros lo disfrutaban. Pero todos estábamos somnolientos y algo infelices.

Ese escenario me había enseñado a conducir con excesiva atención y aplicar un código especial para con los semáforos. Rojo: si es esquina peligrosa, avanzar. Verde: si es esquina transitada, detenerse.

Un desesperado "¡¡Nonononono!!" fue todo lo que recuerdo haber dicho antes de que apareciera frente a mí y de la nada un taxi cruzándome de izquierda a derecha, solo a pocas cuadras de llegar a destino. Instintivamente intenté acompañar el movimiento natural del auto girando la moto, para así quedar paralela a él, pero cuando la ventanilla de la puerta del acompañante estaba a centímetros de mis ojos es que se apagó todo por completo.

Segundos o minutos después desperté tirada boca arriba en el asfalto, con la pierna izquierda flexionada y los brazos extendidos. Con un zapato salido y aún el casco puesto. Un auténtico insecto aplastado en el suelo luego de reventar contra el parabrisas. Pensé que todo se trataba de una pesadilla y que debía despertarme para ir a trabajar.

A medida que recobraba la conciencia, un dolor generalizado en todo el cuerpo comenzaba a despabilarse con prisa. Me preguntaba hasta dónde llegaría esa sensación, cuál sería su punto máximo, hasta qué estado escalaría.

Una silueta asomó en la oscuridad a mi derecha. Todavía estaba bastante oscuro.

"Tuviste un accidente", me dijo lo que parecía ser un hombre de unos 36 años. Seguía pensando que todo pudiera tratarse de un sueño. Me advirtió que era el conserje del hotel de la esquina, que había visto todo, y me preguntó si sabía qué me había ocurrido. Le murmuré que un taxi se me había atravesado con el semáforo en rojo. Me costó terminar la oración antes de que se me vaciara el aire de los pulmones y sintiera la boca como si hubiera comido un terrón de arena. Luego entendí que estaba saboreando pedazos de mis propios dientes.

"Lo vi, ya pedí una ambulancia", respondió con tranquilidad, y me preguntó si quería que llamara a alguien. Le expliqué que el celular estaba en mi bolso, adentro del asiento de la moto, y que se abría haciendo un movimiento especial con la llave de encendido. No tardó ni dos segundos en traérmelo. Me asombró la pericia que había tenido para hacerlo, no era una apertura fácil de descifrar y pensé que tal vez él pudiera haber tenido el mismo modelo. No pude tomar el teléfono y cuando giré el cuello sentí cómo la sangre de mi frente tomaba contacto con el interior del casco y me enfriaba la cabeza.

Una vez dentro de la ambulancia me dijeron que tenía la pierna izquierda quebrada, la que estaba flexionada sobre la camilla, y me pidieron permiso para cortarme el pantalón con una tijera. Accedí.

"Necesito acomodarte la pierna", me indicaron con cierto temor, y no pensé que fuera un problema hasta que lo hicieron y mis gritos resonaron 20 cuadras a la redonda. Ahí fue cuando comprendí que no estaba soñando y que no había muerto. Ninguna de las dos opciones que me liberaba de lo que estaba ocurriéndome.

También pensaba en el estúpido cliché en el que me había transformado: Penélope Glamour no llegó a su trabajo porque se accidentó en su scooter turquesa a lunares; y ni siquiera murió, solo retrasó la edición del diario y despertó a toda su familia.

El camino hacia el Hospital Italiano fue rápido, o al menos eso percibí. Lo qué si padecí fue cada una de las costuras de las baldosas sobre las cuales el camillero me transitaba. Aun así, permanecía sobre la misma tabla de madera con la que me habían levantado del pavimento, y así debía hacerlo hasta que me cerraran la herida de la frente y el traumatólogo de guardia ordenara radiografías de todo mi cuerpo. Sentía que la fuerza de gravedad se multiplicaba por segundo y me presionaba contra mi propia lápida.

Una vez que el médico observó el panorama, él y un equipo de otros cinco traumatólogos decidieron operarme de urgencia. No comprendía bien todo el asunto, al fin de cuentas cualquier fractura se supera con un mes de yeso y luego todo volvería a la normalidad. ¿Verdad? Pensé que sería un hecho más en mi vida, me recuperaría más temprano que tarde y luego fin de la historia. Pero era el principio.

Me dijeron que iban a operarme para enderezarme la pierna, que estaba quebrada, y que me anestesiarían completamente. Les expresé que me parecía una buena idea. "Ya no quiero sentir más dolor", dije y hundí la cabeza en la camilla antes de dormirme. Pasaron horas hasta que me trasladaron a lo que durante un mes sería mi habitación.

Desperté mientras me ingresaban a ella y vi las caras de mi papá, mis hermanas y Christian, quien me acarició y besó la única parte de mi cuerpo que no me dolía, el lado izquierdo de la frente. Lo aprecié como un bálsamo narcótico. Nunca antes había valorado tanto un beso en la frente.

# CAPÍTULO II

## EL DE LOS JARRONES ROTOS

Levanté apenas la cabeza, miré hacia mis pies y a través del talón noté cómo me traspasaba un tornillo conectado a improvisadas "pesas" en forma de sachet de solución salina, y cómo mi pierna estaba suspendida en una tabla de madera.

"Es para inmovilizarte la parte superior con la inferior", me explicó un médico bastante joven que formaba parte del equipo que me había intervenido.

Tenía el fémur fracturado en innumerables partes, la rótula destrozada y desplazada hacia arriba varios centímetros y una luxación de rodilla, es decir que los dos principales huesos que la unen estaban desconectados entre sí.

El terreno era definitivamente peor del que imaginé. Hasta que siguió: "Además, la clavícula izquierda está fisurada y te colocamos 10 puntos en una herida de la frente".

Todo lo anterior ya se lo habían explicado a mi familia mientras yo estaba en cirugía, con la diferencia de que en ese momento el médico no me mencionó algo que a ellos sí. La lesión vascular asociada a una luxación completa de rodilla es común, por lo que un retardo en la recirculación sanguínea o bien un daño importante en la arteria puede conducir a la amputación de la extremidad. Esta opción había sido analizada en mi caso.

El doctor seguía refiriéndose a las partes infinitas en que se había quebrado mi fémur, irónicamente el hueso más fuerte del cuerpo humano, y citó al menos unas cinco veces la palabra "jarrón". "Es como un jarrón roto", "cuando un jarrón se cae y se rompe en muchas partes…", "…el jarrón se pega, pero no queda bien", "jarrón, jarrón, jarrón".

La repitencia de la florida y quebradiza palabra hizo que mi compañera de habitación y yo nos mirásemos varias veces en modo burlón.

Su nombre era Gabriela, estaba en la cama contigua desde hacía cuatro meses y era la segunda vez que era intervenida. Tenía casi mi misma edad, era maestra de escuela primaria y de esas personas tan buenas que pensás que te están jugando una broma. Su accidente la definía completa: manejando hacia su trabajo, por la ruta, había decidido de manera instintiva salirse de su carril en vez de frenar y provocar un choque en cadena luego de que un auto se le incorporara delante del suyo de manera impredecible y violenta.

Su vehículo terminó arrastrándose por la banquina con las ruedas hacia arriba, y por alguna razón su brazo izquierdo había quedado afuera de la ventanilla, restregándose varios metros contra el pavimento. Tenía el brazo cortado, literal y transversalmente, por la mitad, desde antes del codo hasta los dedos. Se lo recomponían al detalle cosiéndoselo a su propia panza para no perder el flujo sanguíneo. Su caso era un hito en el hospital, y cada tanto venían equipos de cirujanos a estudiarla e interrogarla como si fuera un experimento vivo. Ella casi respondía.

Una que otra vez se cruzaba delante de mi cama con su acompañante terapéutica para ir al baño, una señora de unos 65 años a la que Gabriela llamaba "Juanita" y cuyos costos cubría su obra social. Yo veía que ella caminaba con sufrimiento y problema. No sabía si su caso era más grave que el mío, pero pensaba que al menos ella sí podía ir al baño, algo que yo no era capaz de hacer.

El dolor ocupaba toda la habitación y pedía que no me taparan con la sábana, porque tan solo esa fina capa de hilos se sentía como una cota de malla metálica. Lo mismo pasaba con los llantos de bebés recién nacidos, los portazos y las bandejas de comida golpeándose entre sí o cayéndose al suelo; todos sonidos tan hospitalarios en un lugar donde solo debería reinar el silencio. Pero hasta las ondas sonoras me atormentaban los huesos.

*********

Las noches en el hospital son un mundo aparte. Había habitaciones donde la tele y la luz seguían prendidas como si fuera de día, y lo único diferente era que afuera no había sol, pero el afuera no importa cuando estás ahí adentro, y los pacientes y cuidadores hablan entre sí durmiendo de a ratos, porque las unidades de tiempo en un hospital se miden diferente. No hay "un" día o "una" noche, hay "una" estadía en el hospital.

En otras habitaciones aspiraban a hacer esa permanencia lo más parecida al hogar, y a determinada hora apagaban la luz y trataban de dormir. Pero no se puede. El hospital es el peor lugar para pernoctar, porque cuando el dolor afloja y lográs relajarte, toca el horario de tomar la presión o administrar el antibiótico o inyectar el calmante, y un enfermero abre intempestivamente la puerta y prende todas las luces y te habla como si fueran las 5 de la tarde. Y si no sufrís, pero tenés insomnio, es todo mucho peor, porque ahí comienza a funcionar la mente y aparecen los miedos, las culpas y los recuerdos, que entre penumbras y drogas hacen que la noche sea el doble de larga, y empezás a observar y oír cosas que no querés.

Cuando eso pasaba, a veces escuchaba a Gabriela sollozar dormida o gemir de sufrimiento. Me preguntaba si yo hacía lo mismo al dormir. Pero también era el momento del día en que arribaba su cuidadora, Juanita, y que sucedía una de las cosas más extrañas que he visto: todas las noches, a las 12 en punto, notaba a la misteriosa señora esbozar, sentada en el piso, lo que parecía una extraña plegaria. Al principio pensé que estaba enviando audios en voz baja por teléfono, luego que rezaba, pero después me di cuenta de que no decía ninguna oración, al menos que yo conociera, pero las palabras eran repetitivas y las acompañaba de un movimiento pendular con su cuerpo. La mujer era bajita, rellena, con el pelo corto, muy negro y la piel blanca. Siempre andaba con un tapado oscuro que la cubría casi por completo.

Juanita era todo un enigma para mí, sobre todo cuando Gabriela me contó que a veces se enojaba con ella y le ponía excusas para no acompañarla al baño, y que ella creía que era porque no le dejaba apartada algo de la cena que le daban en el hospital. Como Gabriela a veces no consumía la gelatina o la fruta de la bandeja, la guardaba y se la ofrecía a Juanita para cuando llegase a cuidarla. Pero al parecer, luego de varias semanas, la mujer se acostumbró al noble gesto y prácticamente demandaba que Gabriela le dejara algo de comida, y cuando no lo hacía, se molestaba.

Una noche, mientras Gabriela dormía, se acercó a mi cama para verificar si yo también lo hacía. Simulé que sí. Luego pude ver de reojo cómo retornaba lento al lecho de Gabriela y con atención miraba y tocaba su suero intravenoso.

Al día siguiente, cuando ya se había ido, se lo conté a mi compañera de habitación. Me dijo que le había parecido advertir lo mismo veces anteriores y acordamos que esa misma noche no dormiríamos para ver qué es lo que hacía Juanita realmente.

Como la señora había sido enfermera en su juventud, Gabriela temía que le estuviera inyectando algo. No era descabellado pensar algo así, la mujer ya de por sí era extraña.

A las 21:30 apagamos las luces y el televisor y nos dimos las buenas noches delante de ella. Dos horas después, Juanita se dirigió como siempre hacia el suero de Gabriela, nos miró para asegurarse que dormíamos, tomó el sachet y lo apretó con fuerza. Gabriela gritó: "¡Ayyy!".

Es que por más que quisiera hacerse la dormida, la compresión en el suero aceleró la circulación del fluido por la vena de su brazo y le provocó un dolor tal que la hizo chillar.

Juanita apretaba todas las noches el suero de Gabriela para acelerar el goteo, que se terminara pronto y llamar al enfermero de guardia para que se lo cambiara. Pero debía ser antes de la medianoche, así ella podía hacer sus oraciones y sentarse a dormir sin que el personal de enfermería entrara a interrumpir su modorra. Juanita no volvió a cuidar a Gabriela.

*********

A los días volvieron a operarme. Salí del quirófano con un tremendo ardor en la garganta y dolencia en la cadera. No entendía el origen de ese malestar. Me explicaron luego que tuvieron que asistirme con un tubo respirador y que habían decidido, sobre la marcha de la cirugía, extraer parte del hueso que sobresale del lado derecho de la pelvis para colocarlo como rótula, que estaba deshecha. Me transfundieron sangre dos veces durante esa operación.

También me plantaron un fijador externo, un aparato mecánico conectado desde fuera de mi piel al hueso a través de clavos. Iba desde el muslo al tobillo, y me permitía fijar la extremidad entera. Podía ver cómo cada uno de esos clavos que brotaban de mi pierna entraban y salían de mi piel cada vez que me movía mínimamente, por lo que tenían que ser desinfectados de manera diaria.

Llevaba semanas durmiendo boca arriba, algo que no me gustó hacer jamás, y el entumecimiento era insoportable. Las primeras escaras en mi trasero y talones empezaban a asomar, junto con otra tendencia que aún conservo: mirar la nada. Me ofrecían cambiar el canal de la TV del hospital, traerme libros o revistas o inclusive contar lo que me había pasado a mis amigas a través de mensajes de Whatsapp. Pero el dolor es como un bloque inmenso de cemento que baja lentamente desde una grúa para encastrar justo en la habitación donde está quien lo padece. Nada más entra, ocupa todo el espacio y te aplasta por completo.

"Es para matar el tiempo", me aconsejaban. Como si hubiera tiempo que matar. Solo quería recuperarme y continuar con mi vida, pero nadie sabía decirme cuánto estaría así.

Por suerte mi relación con el personal de enfermería era excelente y pude entender lo que significa elegir un trabajo por vocación y que, sin esa disposición, sin esa empatía por el otro, esa profesión no existiría. Lo mismo notaría luego en los kinesiólogos y fisioterapeutas de los centros de rehabilitación.

El cambiado de vendas y desinfección de los clavos que sobresalían de mi pierna eran los momentos más tétricos del día. El martirio llegaba al límite del desmayo. Recuerdo que el día después a la primera vez que me cambiaron las vendas lloré a gritos de pánico cuando vi entrar a una enfermera que solo venía a tomarme la presión. La escena pareció graciosa y había provocado la risa de los que estaban ahí, pero yo no paraba de llorar. No concebía experimentar ese nivel de espanto cada vez que alguien del personal hospitalario ingresara en la habitación. La mujer me abrazó y lloré con ella como un bebé sobre su pecho.

"Al fin lloraste. Ya me extrañaba que tardaras tanto… todos lloran después de un accidente", me dijo. Y comprendí que tenía razón. Desde lo sucedido que no había llorado.

Esa misma enfermera solía sacarme fotos con su teléfono a las heridas que yo no podía ver por mí misma para mostrarme cómo avanzaban. Siempre valoré esa acción, por eso odiaba mentirle todos los días cuando me preguntaba si alguien había pasado a cambiarme las sábanas, pero no podía soportar que me tocaran y menos que me movieran.

*********

Desde que conocía a Christian que se me hacía casi imposible mentir, a él o a cualquiera. Algo que pareciera ser inerte al ser humano se había transformado en una operación forzada si debía realizarla por obligación.

De adolescente había comenzado a salir con el que pensaba sería el amor de mi vida, quien había derivado siendo un indiscutible violento y psicópata. No lo nombro aquí como no lo nombro desde que me separé de él luego de una relación de 10 años, porque creo que una persona se merece como mínimo la entidad que le provee su nombre, pero esta juro que no.

Todas mis amigas y mi familia entera estaban en contra de esa relación, porque todos ellos veían lo que a mí el enamoramiento me impedía. Pero la adolescencia provoca un efecto salmón de hacer lo contrario a lo que todo el mundo está advirtiéndote tan fervientemente, por lo que debía recurrir a la farsa permanente como modo de vida para poder verlo y estar a su lado. Tenía tantas redes de mentira abiertas que ya se me habían interpuesto días, fechas, horarios y lugares. Mi comportamiento era tan triste y evidente que Sabrina, mi mejor amiga de toda la vida, me lo hacía ver, y se molestaba. Mentía cada vez que abría la boca, hasta cuando decía que no estaba con él por miedo.

"No mentir te libera, inténtalo", fue una de las primeras cosas que me dijo Christian cuando lo conocí, y me recalcó que no era una maña religiosa ni mucho menos (de hecho era ateo) sino una táctica para simplificar la vida. También me dijo que no se refería solo a evitar los grandes entramados, sino a las pequeñas cosas en las que mentimos todos los días y resultan ser tan normales que pasan desapercibidas. Desde "la verdad, he tenido días mejores" cuando alguien te pregunta cómo estás o "sí, me pasé esa señal de tránsito porque estaba bastante apurado" cuando un inspector de tránsito te detiene o bien el "no te ofendas, pero no tengo ganas de salir hoy, prefiero quedarme viendo una película en casa" cuando un amigo llama para invitarte a una fiesta.

Uno podría creer que ante esto quedamos desnudos y que las consecuencias de no mentir pueden ser terribles, pero no lo son, no tanto como creemos. La mentira no es un escudo necesario, es una chapa de acero que pesa y que cuesta cargar en un sendero que ya es por naturaleza difícil. No mentir es realmente liberador y una maraña menos que se pega en el cerebro. La frase "la verdad los hará libres" tomó un significado práctico para mí, mucho más allá de lo religioso, y la terminé adoptando por costumbre.

**********

Los hospitales tienen el protocolo de cambiar la ropa de cama diariamente, más aún si están manchadas con sudor, sangre u orina, ya que se generan virus y microorganismos que pueden crear infecciones para el paciente o el personal. Las mías parecían un auténtico test de Rorschach y me las rebuscaba para tapar cada mancha con detallado cuidado; hasta que me descubrieron. Dos enfermeras y un asistente vinieron a llamarme la atención por lo sucedido. Una de ellas se dio cuenta de que había hasta restos de alquitrán en mi cama, suvenires que acarreaba desde el accidente, por lo que decidieron bañarme cuanto antes. La jugada me había salido más cara de lo imaginado.

Pensé que el "bañado" consistiría en un cambio de sábanas y el frotado leve de unos paños tibios por el cuerpo, hasta que vi a una de ellas asomarse desde el baño con fuentones de agua caliente y botellas de clorhexidina, un líquido desinfectante algo jabonoso de acción bactericida. Iban a bañarme sobre la cama literalmente.

Vaciaron la habitación, sacaron las sábanas como pudieron y me desnudaron. Me tiraban agua caliente de a poco con esa sustancia, la cual caía directo al piso. El colchón era impermeable, así que nada las detenía. Yo solo miraba el techo y temblaba como una hoja morada; jamás me había sentido tan vulnerable en toda mi vida.

Sobre uno de los fuentones me lavaron el pelo. Cambiaron el agua tres veces porque continuaba saliendo roja. Una de las enfermeras me cubría los genitales con un paño, supongo por la presencia del chico ayudante. Me pregunté si a las personas que estudian enfermería les enseñan esos gestos tan humanos o si las personas con esos gestos humanos suelen estudiar enfermería. Lo valoré, pero la verdad ya no me importaba nada. Había tocado cualquier fondo.

Recuerdo que lo que más solía estremecerme sobre las mujeres en tratamiento de fertilidad, era cuando me contaban de las inyecciones que debían colocarse en la panza. Llegaba a preguntarme si el deseo de concebir un hijo valía ese sufrimiento. A mí me colocaban una por día.

Estas inyecciones subcutáneas contenían una droga que impedía que se formara algún coágulo en la sangre y afectara mi pierna, pulmones, corazón o bien mi cerebro. Tenía fragmentos de hueso en el torrente sanguíneo, por lo que los riesgos de una trombosis eran altos.

Días antes del accidente había ido a ver una nutricionista. No quería bajar de peso, solo quería aprender a comer bien y de hecho se sorprendió cuando le dije que quería sumarme algunos kilos comiendo sanamente.

Me gustaba cómo me veía estando algo rellena, y adhiero a esa escuela antigua que consideraba a los denominados "kilos de más" un equivalente a salud y sensualidad, y que asociaba los kilos de menos a la enfermedad y carencias. Recuerdo que quería ser lo más parecido a una mujer de pintura renacentista: mayormente pálida (odiaba el verano y me cubría los brazos con un saco liviano de algodón para no broncearme, de hecho estuve muy cerca de caminar por la calle con una sombrilla japonesa), sin marcas en la piel (nunca me hice un tatuaje y carecía de cicatrices), sin un cuerpo tonificado en gimnasio y con el pelo largo y algo rojizo.

Quería ser intocable, inmaculada. No fumaba ni tomaba alcohol o drogas y jamás hubiera considerado operarme de nada. Incluso rara vez transpiraba. Tenía el pensamiento de que el cuerpo humano es un templo sagrado bañado en oro que nos dan al nacer y en vez de cuidarlo y conservarlo de forma digna nos dedicamos toda la vida a descuidarlo y arruinarlo por completo. Alterarlo o lastimarlo era básicamente, para mí, cagarme en un regalo.

Pero de repente estaba ahí, en una cama de hospital, odiándome por haberme lastimado, con una pierna destruida en mil partes, con elementos de acero que sobresalían de ella, con pedazos de hueso extraídos de unos lados de mi cuerpo para ser colocados en otros y con una enorme dependencia a los opiáceos. La pintura renacentista se había quedado aplastada en el medio del asfalto, escupida, pisoteada y con huellas de neumáticos por encima.

Uno de esos opiáceos era el tramadol, que se había transformado en uno de mis pocos aliados en esta cuestión. Se trata de un analgésico de tipo opioide que alivia el dolor actuando sobre células nerviosas específicas de la médula espinal y del cerebro; es primo hermano de la morfina y quien lo secunda cuando no se quiere aún acudir a ella. En el pasado era elaborado con el opio de las semillas de amapola, pero en la actualidad la mayoría es producida artificialmente en laboratorio.

Me lo administraban en forma de gotas cada ocho horas. Soportaba solo cuatro sin retorcerme del dolor. La dependencia que me provocaba era enorme, no solo porque calmaba mis dolencias y me calmaba a mí (la administración debe ser muy medida, ya que desacelera el ritmo cardíaco), sino porque cuando pasaba muchas horas sin tomarlo comenzaba a tener la abstinencia típica de cualquier adicto a la heroína, otro derivado del opio: escalofríos, dolor muscular, sudoración fría, depresión, ira, ganas de evacuar aunque no haya comido nada, diarrea, etc. Un adicto a la heroína dijo una vez que la retirada de esa droga fue como si una aplanadora le hubiera pasado por encima de los brazos y de las piernas. Vaya comparación.

Mientras estaba bajo los efectos del tramadol mi cerebro funcionaba diferente, mi juicio se deterioraba y mi lengua se desinhibía. Gabriela me había contado que hasta llegó a tener alucinaciones bastante reales bajo los efectos de esa droga, como la vez que vio a un enorme perro rabioso que ingresaba agazapado a la habitación del hospital y le destrozaba el brazo a mordiscos. Fue por eso que le ordenaron sustituirlo por morfina.

# CAPÍTULO III

## EL DE LA PALANGANA

Todos los miedos o reparos que podría haber tenido antes del accidente se estaban haciendo carne. Inclusive las innumerables veces que tuve darle a Christian la palangana con mi orina y heces. Sí, a la misma persona que no tenía idea de cómo me veía sin maquillaje.

Es frecuente estar con tu pareja y pensar "si todo sale bien, esta es la persona con la que voy a compartir el final de mi vida, tal vez darnos de comer en la boca, empujarnos la silla de ruedas y hasta cambiarnos los pañales el uno al otro". Pero ese pensamiento dura solo un momento, porque por supuesto, nadie quiere imaginar eso por más realidad que se haga luego.

Pero cuando a los 32 años el amor de tu vida te pone la "chata" debajo de la cola y no podés contener las lágrimas de vergüenza por tener que entregarle en mano tus necesidades a la persona que amás, definitivamente las cosas se ven diferentes para alguien que se jactaba de no dejar ningún olor en el baño. Llevaba 11 días sin defecar por puro pudor. Cuando lo hice, pidiéndole perdón y sin poder mirarlo a los ojos, me dijo: "No llores, me alegra que tus órganos funcionen bien". Sus palabras solo me hacían llorar todavía más.

Christian era un excelente periodista admirado por su honestidad, que había desentramado y denunciado los hechos de corrupción más resonantes del país sin pedir ningún reconocimiento a cambio y estando en constante peligro. Trabajaba desde los 13 años y jamás se había ido de vacaciones, salvo un fin de semana a las sierras de San Luis. Pese a los incesantes intentos por comprar su silencio, él nunca aceptó y nos pusimos felices la vez que nos alcanzó el dinero para por fin tener nuestro propio y primer auto: un Fiat 600 modelo 77 en el año 2015.

Christian era parte de ese pequeño porcentaje de personas que se levantan de buen humor y te hacen chistes sin cesar hasta que finalmente logran contagiarte. A poco de conocerlo, su madre me había contado que había nacido sonriendo, lo que sorprendió a las enfermeras del lugar. Pensé: "Por supuesto, ¿de qué otra manera pudo haber nacido?" En definitiva, Christian merecía estar en una playa paradisíaca tomando sol y con un harem abanicándolo, y no recibiendo mi palangana.

Después de un mes de internación, volví a mi casa con el fijador puesto y en una silla de ruedas con un extensor que sobresalía de ella para apoyar mi pierna, aquella que no podía doblar.

El ingreso a mi hogar fue uno de los eventos más traumáticos que jamás haya vivido. Como la silla de ruedas con el extensor no entraba en el ascensor, estuvimos al menos media hora entre mi familia, el camillero de la ambulancia que me trasladaba a mi casa e incluso los vecinos del edificio que se iban acumulando en el palier, descifrando cómo iba a hacer para llegar a mi departamento del cuarto piso.

Luego de varias mociones y deliberaciones, llegamos a la conclusión de que solo había una manera: subirme por las escaleras en la camilla rígida que el ambulanciero tenía en su vehículo. La misma dura tabla de madera que me había recogido de la calle un mes antes y la cual había odiado durante tantas horas.

Christian, el ambulanciero y dos vecinos me traspasaron a la tabla y me subieron cuatro pisos por el estrecho conducto de las escaleras del edificio, tratando de zarandearme lo menos posible. Los escalones parecían infinitos y yo, inmóvil y mirándolos esforzarse desde abajo, solo alcanzaba a pedirles que por favor descansaran cuando lo necesitaran, pero que no me dejaran caer. Dolor, incomodidad y pánico; hasta que me depositaron en mi cama. No podía creer estar al fin allí.

Por lo visto quedaba mucho por delante y todavía no iba al baño sola. La impotencia que me producía no entregarle nada al hombre que amaba salvo mierda, literal, me hizo querer soltarlo, liberarlo. Nadie se merece tener a cargo a una persona así por tiempo indeterminado, y no sé si es más valiente irse o quedarse. Le dije que si lo prefería, jamás lo odiaría por haberse marchado, porque ya eran varias las veces que me había rescatado y lo apreciaba sobremanera. También le dije que si resolvía permanecer conmigo no me molestaba si decidía iniciar una relación con alguien más, o tal vez ni siquiera llegar a una relación. Total, yo ya no respondía y no estaba para nadie, ni siquiera para mí misma.

Puede resultar chocante e imperdonable cuando se escucha que alguien abandonó a su pareja por causa de una enfermedad o convalecencia. De hecho, puede parecer monstruoso y para nada justificable, pero la realidad es que las cosas no son tan simples.

La vida tal como la conocía no solo cambió para mí, sino para todos los que me rodeaban. No es raro que alguien se distancie emocional y físicamente de una persona que sufre de manera continua y parece desconectada de un mundo al que los demás todavía pertenecen. Esa imposibilidad e inhabilidad de controlar o remediar la situación que enfrenta un ser querido que sufre dan ganas de abandonar. ¿Por qué alguien seguiría insistiendo en algo que no funciona? Los hijos tienen la obligación de serlo, pero las parejas y los amigos tienen la opción de retirarse.

"Atravesamos muchas cosas juntos, esto también. Es temporal y ya tendremos tiempo de hacer cosas que nos gustan", me dijo, y me enseñó todo un nuevo concepto en materia de sanación. Se llama "estar". Tan solo eso: estar. No se trata de salir a buscar chamanes, terapias alternativas, nuevas drogas experimentales a Europa, distraer

con crucigramas, revistas o salidas caras. Christian
me sanaba estando. Como ese beso en la frente a la
salida del quirófano.

# CAPÍTULO IV

## EL DE LA EMPATÍA

"A veces no necesitamos que alguien nos arregle, a veces sólo necesitamos que alguien nos quiera mientras nos arreglamos a nosotros mismos." Julio Cortázar.

En mis ataques de dolor, Christian se acostaba a mi lado en la cama y me sostenía la mano. Cuando me sentaba, cada vez que se me adormecía la columna por estar meses acostada boca arriba, me acariciaba la espalda y cuando lloraba me abrazaba, a veces muy fuerte, como para que todos mis trozos rotos se unieran de nuevo. Sin decir una palabra, sin dar consejos estúpidos de alguien que no siente lo que yo estaba sintiendo, solo me apuntalaba y me escuchaba, y el amor terminó siendo una medicina infalible.

Hubiera deseado aprender eso solo tres meses previos a mi accidente. Cuando mi madre falleció de cáncer. (Sí, el 2016 fue un año espeluznante). Nos habíamos enterado semanas antes, pese a que ella ya lo llevaba encima, sin saberlo, hacía al menos una década.

En la familia teníamos un riguroso plan de administración de medicamentos y alimentación para ella. De organización en los horarios de cuidado y de buscar médicos y enfermeras idóneas para cuando le dieran el alta, algo que no llegó a suceder nunca. Pero jamás, ninguna de sus tres hijas o mi padre, se acostó en la cama a su lado mientras estuvo internada. Estábamos tan preocupados por ella que nos olvidamos de ella. Nadie le preguntó qué sentía, contra qué luchaba, qué temía o si siquiera tenía ganas de luchar. Creíamos que el amor se demostraría así, queriendo sanarla con la mejor medicina del mundo, y nos olvidamos de los besos, las caricias y los abrazos. Cuando lo hice ya era demasiado tarde y hoy daría todo por hacerlo una vez más. No estuve cuando ella más me necesitó y viceversa. Al menos quedamos a mano.

"Bueno, este es el momento de superarte, y darle para adelante, no te quedes ni te achanches. Tenés que salir de esto y mentalizarte que lo vas a superar", le dijimos cuando nos enteramos de la noticia, como si ella, que encima estaba padeciéndolo, tuviera la responsabilidad de superar su cáncer. Sí, fuimos unos auténticos idiotas.

En 2015, la diseñadora estadounidense Emily McDowell fue diagnosticada con linfoma de Hodgkin en Etapa 3 a los 24 años. Tuvo nueve meses de quimioterapia y radiación, antes de entrar en remisión. "Lo peor fue la soledad y el aislamiento que sentí cuando muchos de mis amigos cercanos y miembros de mi familia desaparecieron, porque no sabían qué decir, o porque habían dicho algo equivocado sin darse cuenta", fueron unas declaraciones que McDowell hizo a los medios que la entrevistaron por su iniciativa.

Es que en ese tiempo, Emily recibió todo tipo de consejos de amigos que tenían familiares con cáncer y tarjetas de "Mejorate pronto", como si ella pudiera decidirlo. 14 años después decidió diseñar las tarjetas ella misma. Las llamó "tarjetas empáticas", ya que dicen el tipo de cosas que ella habría querido oír cuando estaba enferma. Algunas de ellas expresan:

-Por favor déjame ser la próxima persona en golpear a quien que te diga que todo pasa por una razón. Siento que tengas que pasar por esto.

-Lamento mucho que estés enferma. Trataré de no recomendarte tratamientos que leí en Internet.

-Si este es el plan de Dios, entonces Dios es un terrible planeador. (Sin ofensas, Dios. Lo hiciste bastante bien con otras cosas, como las cascadas o los pandas).

Fue justamente Sabrina, a la par de Christian, una verdadera profesional en evitar decirme cosas políticamente correctas y que no quería oír. Lo valoré mucho.

Uno de los primeros mensajes que recibí de ella fue: "Qué mierda lo que te está pasando. No te lo merecés. Ojalá pase pronto. Avisame lo que necesites". Casi lo festejé con un aplauso.

Descubrí que hay varios tipos diferentes de personas con sus mensajes (no) motivacionales que suelen decir sin pensarlo previamente:

-Los bola de cristal: son el tipo de personas que por alguna razón conocen el futuro y sus vericuetos. Ya vieron la película y saben lo que pasa después. ¿Cómo? No se sabe. Suelen expresar recomendaciones como: "Por algo pasan las cosas", "Todo lo malo trae algo bueno", "Dios cierra una puerta, pero abre una ventana", etc.

-Los asignadores de responsabilidad: son el arquetipo de personas que atribuyen la responsabilidad de sanación y superación del asunto al propio padeciente. Suelen expresar: "Pensá que querés mejorarte y lo vas a lograr", "Sé que podés hacer esto, vos también colaborá", "Mentalizate que estás bien".

-Los de los gritos de guerra: son aquellos individuos que nos colocan en el frente de batalla y nos arengan a combatir, sin que tengamos ganas ni hayamos pedido hacerlo, pero están listos para mandarnos a la guerra. Suelen decirnos: "Luchá", "Sé fuerte", "No te dejes vencer", "Vas a ganar esta batalla", etc.

-Los superadores de anécdotas: son aquellos quienes siempre tienen a mano un drama superior al nuestro, solo para que sepamos que no deberíamos estar quejándonos tanto. "Hay gente que está mucho peor", "Eso no es nada, a mí una vez…", "Agradecé que estás viva/o", "Al menos no te pasó lo de Juancito", etc.

Si la gente pudiera saber el efecto negativo que provocan estos mensajes "positivos" en alguien que la está pasando mal, lo pensaría dos veces antes de decirlos y guardaría las frases motivacionales en el locker del gimnasio.

Ojo, sabía que no eran malas personas por expresarme esas cosas, solo estaban respondiendo al impulso de contestar a una situación desafortunada con una frase que ellos consideraron acorde. Pero si bien yo retrucaba con una sonrisa diplomática, lo único que quería hacer era tomar sus caras con mis manos, mirarlos a los ojos y decirles que está bien si no tenían nada positivo para decirme sobre una situación negativa.

Muchas veces lo comenté, y terminaban enojándose conmigo por "herir los sentimientos" de quien lanza el mensaje. Pues lamento decirlo, pero a quien le toca escuchar el mensaje está mucho más herido que el emisor del mismo. Además, la empatía no es un lujo, es una necesidad para alguien que sufre.

Me di cuenta de que pocas cosas se necesitan para dar respuestas empáticas una vez que uno logra ponerse en el lugar del otro, de hecho pude identificar tres:

1)     Más "te entiendo", menos consejos. Básicamente saber escuchar, pero escuchar bien,

prestando atención, sin interrupciones y evitando la autorreferencia o las comparaciones personales del tipo "una vez me esguincé el meñique y no necesitaba tomar tantas drogas como vos". Quien busca tu compañía no está detrás de un consejo inaplicable, solo de tu compañía.

2)	Menos palabras, más contacto físico. Tomar una mano, el hombro, un delicado abrazo, una caricia en la cabeza, incluso en silencio, son muchas veces más poderosos y útiles para aquellas personas que ya lo han escuchado todo de todos. Especialmente consejos médicos.

3)	Más presencia, menos mensajito positivo. Ayudar a resolver los problemas más allá del mundo virtual. Tomarse aunque sea un día de la semana para ser útil y solucionar cuestiones reales: hacer un trámite, pagar un impuesto, ir a la farmacia, hacer una tarea de la casa, acompañar a una visita médica. Cuando le decís a otro "llamame para lo que necesites", muchas veces lo que necesita son esas cosas.

Siempre fui una persona de escasos amigos, porque consideraba que era mejor tener pocos y los mejores en vez de tener que andarle rindiendo cuentas a un grupo de gente a la que verdaderamente no le importás mucho, y que con vos sienten eso mismo: que están rindiendo cuentas. Mis amigas se contaban con los dedos de una sola mano.

Tanto en el hospital como en casa les escribí y les dije que no se ofendieran, pero que por el momento no quería ver a nadie, al menos por un tiempo, que me costaba aún reconocerme en el espejo. Debieron tomarse la indicación muy en serio porque nunca las volví a ver. Salvo Sabrina, a quien conocía desde los cuatro años, todas las demás desaparecieron de mi vista. Alegaron en el medio diferentes motivos para no verme.

Al principio yo no iba a las reuniones y salidas porque no me sentía bien o el lugar no era "discapacitadamente amigable", pero luego pasaron de invitarme. Pocas personas entendían mi tormento, por mucho que me quisieran. Pocas personas sabían qué decir, y a veces era mejor no decir nada.

Ese mismo año se había viralizado un corto educativo de la Organización Mundial de la Salud llamado "Yo tenía un perro negro llamado Depresión", con el objetivo de ayudar a comprenderla. El corto, excelente y expresado con dibujos, explica que la depresión no es una elección y, por lo tanto, deberíamos trabajar por evitar el estigma que la acompaña. El video utiliza la imagen de un hombre con un perro negro como metáfora y se remonta a la expresión que Winston Churchill usó para describir su propia melancolía, una bestia que lo siguió siempre y que lo poseyó íntegramente durante los últimos años de su vida.

"Cada vez que el perro aparecía, la vida parecía detenerse. En cualquier momento podía sorprenderme con su visita. Cuando los demás parecían estar disfrutando de la vida, yo solo podía verla a través del perro negro. Las actividades que antes me gustaban ya no, e incluso le encantaba arruinarme el apetito. Demolía mi capacidad de concentrarme y si quería hacer algo con el perro debía tener una fuerza sobrehumana. El perro negro me hacía pensar y decir cosas negativas. Me transformaba en una persona irritable. Se llevaba mi amor y enterraba mi intimidad. Intentaba ahuyentarlo para que saliera corriendo, pero me caía arriba. Me volví bueno automedicándome, hasta que de repente estaba aislado de todo y de todos. El perro negro había logrado por fin secuestrar toda mi vida y cuando se pierde la alegría en la vida uno comienza a preguntarse qué sentido tiene".

Ese video lo comencé a enviar a mi familia y a mis pocos amigos para manifestar por qué no quería ni podía hacer nada más allá de mi propio sufrimiento físico. La metáfora de la depresión explicaba a la perfección lo que yo sentía con mi dolor físico, el cual se había transformado en mi propio perro negro enorme, cuya monumental presencia y tétricos aullidos atormentaban la mente de quien los escuchaba.

El dolor no dejaba lugar a pensar en otra cosa y hasta le sacó el sabor a las comidas que me gustaban. Me alimentaba solo para no perder peso, porque ni siquiera sentía hambre. Tampoco me dejaba dormir la mayoría de las noches, y el silencio y la oscuridad ubicaban a mi dolor en un protagonismo total, cuyas únicas espectadoras eran mis lágrimas. Descubrí que de adulto se puede llorar de dolor físico, como cuando somos niños.

Los días "buenos" muchas veces me sorprendía a mí misma apretando fuertemente los dientes, y otras varias me percataba de que contenía la respiración durante segundos. Sí, el dolor hacía que me olvidara hasta de respirar, por más mecánica e involuntaria que sea la acción.

Mi tormento era lo más parecido al día posterior a que una patota de seis tipos me moliera la pierna a palos.

# CAPÍTULO V

## EL DEL OTRO FONDO

Durante la estadía en mi hogar, mis hermanas y Sabrina se turnaban para cuidarme durante la mañana. Sabrina incluso a veces limpiaba el baño de mi casa, aquel que no veía hace meses. Al principio me dio mucha vergüenza, pero luego comprendí que era una ayuda real. Nos conocíamos desde el jardín de infantes y, así como las circunstancias de la vida te alejan de una persona, con ella pasaba que me acercaban cada vez más. Sus padres se habían divorciado cuando tenía cuatro años, en una época donde los divorcios no eran muy comunes, y como su madre tenía tres trabajos diferentes, a corta edad tuvo que aprender a cocinar para ambas. La vida le había enseñado mucho sobre soledad, pero también sobre cómo brindar ayuda práctica a una persona.

Sin embargo, a medida que pasaban los días, el "aguante" se hizo limitado, y entendible, por supuesto, ya que tanto a ella como a mis hermanas les comenzaban a urgir otros compromisos. Al fin y al cabo ellas también tenían una vida y la convalecencia se extendía más de lo que cualquiera hubiera esperado.

Las mañanas que debía permanecer sola trataban de dejarme todo al alcance de mis manos:

agua fría, un pequeño termo con agua caliente, saquitos de té y café, galletas, calmantes y, por supuesto, la chata para hacer pis. Entre el dolor de mi pierna, mi hombro izquierdo y la cadera, apenas lograba sentarme algo recostada, pero estaba prácticamente inmóvil. Si bien me habían recomendado hidratarme bastante para limpiar hígado y riñones de medicamentos, debía cuidarme de no orinar demasiado las mañanas que estaba sin compañía, y solo podía hacerlo una vez hasta pasado el mediodía, que regresaba Christian, ya que me era imposible desocupar la palangana para orinar de nuevo, la que me autocolocaba con gran dificultad.

Creo que logré entender mis limitaciones uno de esos días que me tocó estar sola durante la mañana y me percaté de que el recipiente para hacer pis no estaba a mi alcance, sino apenas a un metro de mi mano. Estuve desde las 6 de la mañana hasta las 11 estudiando de qué manera podía acercarla hacia mí. Estaba apoyada sobre una silla y parecía tan cerca, pero a la vez tan monstruosamente lejos.

No concebía que la diferencia entre orinarme encima o no estuviera a solo un metro de distancia, y que no pudiera hacer nada para resolverlo. Recordé que Sabrina tenía una copia de la llave que abría una de las dos puertas de casa, la cual se la había dejado para casos de emergencia, como estos, y la llamé por teléfono explicándole la situación. Me dijo que estaba en el Centro y que tardaría al menos media hora en llegar.

Mi vejiga estaba por explotar y mientras más trataba de aguantar, más ganas tenía de orinar. Miraba el reloj y el tiempo parecía no caminar más. Estaba segura de que no llegaría a las dos de la tarde sin orinarme.

Sabrina me enviaba mensajes mientras iba llegando a casa, hasta que finalmente arribó corriendo a mi puerta. La escuché desde la habitación meter la llave en la cerradura, hasta que la oí haciendo excesivo trabajo para conseguirlo. Lo peor estaba pasando: había una llave puesta por dentro, y yo no solo lo había olvidado, sino que ni siquiera había podido notarlo. Hace tiempo ya que no hacía un tour por mi hogar. Ninguna podía creer lo que pasaba. Le dije que ya había llamado a Christian para que saliera antes de su trabajo y viniera a casa, que estaba en camino, que se fuera tranquila y se despreocupara. Por supuesto era mentira. No lo había llamado ni pensaba hacerlo y me di cuenta de que en realidad no tenía nadie a quién llamar. Cuando me accidenté muchas personas me ofrecieron su ayuda, pero en realidad no estaban presentes cuando las necesitaba.

Otra vez en soledad y yo solo miraba a la maldita chata, odiándola por no estar más cerca de mi mano. Juro que hasta probé aplicar control mental y traerla con el pensamiento. Nadie puede decir que no lo había intentado todo. Rápidamente, recordé la vez que Gabriela me contó sobre el día que debieron intentarla nuevamente por deshidratación porque su familia le había dejado el vaso de agua sobre la cómoda de su habitación en vez de la mesa de luz. Estuvo todo un día sin tomar líquido por no haber podido alcanzarlo, y hacía poco que le habían dado el alta.

Volví a analizar el contexto y por lo visto solo quedaba una solución para desocupar la vejiga. De manera lenta y teniendo bastante pena de mi misma -algo que detestaba, pero ya no estaba pudiendo evitar- fui desenganchando la sábana que me cubría del extremo del colchón.

Cuando lo conseguí, la fui trayendo, la doblé bastante para que absorbiera lo suficiente y la ubiqué debajo de mí. No terminé de acomodarla bien que ya estaba orinando sobre ella. Culposo, triste y tibio placer. Pero al fin de cuentas prefería lidiar con una sola sábana sucia y no con dos y un somier, el cual todavía estaba pagando. Me percaté de que la cantidad de orín que había retenido era extraordinaria y temía que la tela no alcanzara a absorber todo el líquido, pero lo hizo. Una vez terminé, me la saqué, la dejé en el piso y decidí tragarme la pena de la patética escena.

Pensé en mi situación, mi accidente, mi rabia, las veces que había preferido no sacar la moto en horas pico porque no quería conducir con tráfico y en cómo cada vez que sentía que había tocado fondo había otro fondo aún más profundo por tocar, y entendí que sobrevivir lo que me estaba pasando no era levantarme de la cama saltando, sino despertarme al día siguiente y atravesar sus horas como pudiese.

Un mes después y, dado que la pierna ya estaba lo más alineada posible, volvieron a internarme para sacarme el fijador externo y poner una veintena de tornillos, pero por dentro de la pierna. Solo en la rodilla me plantaron ocho clavos. Cada uno estaba colocado artesanalmente en una fractura diferente de la extremidad. La operación tardó cinco horas y volví a necesitar sangre extra durante la cirugía.

Solo me quedé dos días internada esa ocasión, si bien debería haber permanecido al menos una semana, pero mi compañera de habitación era fanática de las novelas turcas a todo volumen y mi sufrimiento ya era bastante para ver el de una niña que escapaba todo el tiempo del apetito de hombres que querían desposarla. Le rogué al médico que me firmara el alta, y lo hizo. Volví a mi casa, esta vez por ascensor.

Una gran cicatriz dividía mi pierna desde debajo de la rodilla hasta el muslo. Christian me cambiaba las vendas todos los días y me bañaba cada una semana.

Todas las veces que me tocaba un control médico debía trasladarme en ambulancia y silla de ruedas; tenía prohibido apoyar la pierna en el piso porque mi fémur no estaba aún bien recompuesto y no iba a soportar el peso de mi cuerpo.

La mayoría de las ocasiones que debía salir de casa llovía o estaba nublado. Lo lamentaba profundamente. Hace meses que no veía el sol; ese cuyo contacto evitaba y ahora tanto necesitaba. El de 2016 fue uno de los inviernos más húmedos de los últimos años, y lo pasé en reposo casi total.

# CAPÍTULO VI

## EL DE "DE PIE, NO DE RODILLAS"

Septiembre arribó soleado y Sabrina me invitó a la fiesta de jubilación de su madre en una hermosa y humilde finca del área suburbana. Había cancelado tantas salidas con anterioridad que ya nadie me invitaba a algún sitio o bien me ocultaban sus planes porque sobreentendían que no podría acudir.

Era una de mis inaugurales salidas "no médicas" y la primera vez que estaba en pleno contacto con el sol. Pese a que estuve todo el tiempo a la sombra y con lentes oscuros, volví a mi casa con daños en las retinas. Meses encerrada habían hecho sus estragos.

Allí me reencontré con las que pensé eran aún mis mejores amigas, pero apenas se conmovieron al verme y evitaron dialogarme en profundidad durante toda la fiesta. La relación estaba definitivamente deshecha. Y mientras más lo pasaba en aquel lugar, más me daba cuenta lo difícil que se le hace a la gente mirar a los ojos de una persona en silla de ruedas. Al momento de la foto grupal pedí un momento y me paré como pude. Septiembre también iba a arribar de pie.

Poco a poco me iba insertando en un mundo al que uno nunca imagina entrar jamás, y es el de los discapacitados motrices. Raras ciudades están concebidas para personas discapacitadas y lo que está hecho está mal o no se respeta. Aún conservo durezas en los nudillos de todas las veces que me golpeaba contra los marcos de las puertas al pasar.

Podía ver la cantidad de padres que con sus autos tapaban las rampas de las escuelas donde iban a buscar a sus hijos, quienes seguro tenían algún compañero en silla de ruedas. O los dueños de casa que dejaban el auto sobre la vereda por alguna razón que no comprendí nunca, pero tal vez explique el calamitoso estado de las mismas, lo que me hacía transitar el 90% de las veces por la calle, a la par de los autos e, irónicamente, recibiendo sus insultos.

También me di cuenta que quien hace las rampas es una persona que no está discapacitada. Nunca antes había notado lo empinadas que son algunas. Ningún brazo resiste esa fuerza en contra, y eso hace que uno no tenga otra alternativa que pedir ayuda a alguien.

Haber nacido en el país de las filas me hizo siempre detestarlas, pero peor aún lo es para alguien con dificultades motrices. Si bien la prioridad la tenemos estas personas, es realmente desgastante tener que estar peleando constantemente por un derecho que te pertenece; hasta que fui descubriendo por qué veía a tan pocos hombres y mujeres reclamándolo.

Cansancio. Puro y auténtico cansancio. ¿Encima de cargar con mi discapacidad y tener que hacer una fila también tenía que pelearme con quienes la conforman para que por favor eviten que tenga que esperar de pie y me dejen pasar antes, cuando un cartel enorme y una ley nacional lo obliga? No gracias, prefiero hacer la fila en silencio, es más, prefiero ni hacerla.

Solo una vez me trencé con una mujer en un local de comidas rápidas a la que le pedí por favor que me cediera el lugar. Me preguntó si no había ido con alguien que hiciera el pedido por mí, porque a ella la estaban esperando en el auto y estaba apurada.

Me quedé atónita. Jamás esperé esa falta de solidaridad. Dije que tenía derecho a ver el menú, que no quería que alguien pidiera por mí. No me lo cedió y me abrieron una caja "especial". Terminé llorando como una nena de pre escolar a quien se le coló la grandota de 7mo y se quedó sin merienda porque sonó el timbre del recreo. Odié toda la situación. Jamás volví a reclamar la prioridad para discapacitados. Los demás no sabían lidiar con mis limitaciones, y la verdad yo tampoco con las de ellos.

De a poco me fueron dejando descargar 25% del peso de mi cuerpo en la pierna, lo cual se logra de forma natural caminando en el agua. Mi fémur aún no estaba recuperado en su totalidad como para que le coloque demasiado peso encima al caminar con andador o bastón.

El único órgano del ser humano que se repara a sí mismo es el hueso, pero ese tejido que se forma cuando la piel o músculo se lastima o se interviene, no es piel regenerada, es cicatriz, que es dura y fibrosa. Todo eso estaba comprometiendo la flexión de mi pierna izquierda e iba asomando otro problema en mi recuperación.

La dependencia al tramadol, pese a ya no sentir tanto dolor como antes, continuaba y me atemorizaba. Sentía que al no tomarlo este le mandaba mensajes a mi cerebro, los cuales me hacían incluso reconsiderar mi propia existencia. Ocho horas que pasaba sin tomarlo y la frase "¿Qué punto tiene todo esto?" aparecía resonando casi automáticamente.

La vida comenzaba a perder el sentido y se me hacía difícil saber si era un efecto propio de la abstinencia o si de hecho estaba perdiéndolo. Llegó un momento en que no lo tomaba por lo que me hacía sentir, sino por lo que me hacía sentir cuando no lo tomaba.

No sabía cuántos gramos o kilos representaba todo el material que habían colocado dentro de mi pierna, pero junto con la vida en general se sentían excesivamente pesados para mí.

Como todo adicto, empecé a mermar la dosis cada una semana, hasta que logré llegar a tomar solo un par de las habituales 30 gotas cada ocho horas. Pero el bienestar no duró mucho y recomenzó apenas salí de mi primera sesión de fisioterapia en un centro de rehabilitación de la zona donde vivía.

Ingresé temerosa, escudriñé el terreno desde mi silla mientras Christian me trasladaba y pude ver gente que estaba igual o peor que yo por todo tipo de razones. Debía ir todos los días, dos horas por día, al menos por cinco meses.

Tres profesionales se encargarían de mi caso: una kinesióloga y dos fisioterapeutas, uno para fuera y otro para dentro del agua. Ninguno llegaba a los 35 años y la verdad no les tenía mucha confianza. Por primera vez alguien tocaría mi pierna, algo que ni yo hacía, y de solo pensarlo ya hacía retorcerme.

La primera en presentarse fue Eugenia, quien me ayudó a pasar al box donde me atendería. Medía 1 metro 70, era delgada, muy blanca y tenía una ajustada cola de caballo que le tiraba todo su pelo oscuro prolijamente hacia atrás. Sus rasgos eran muy lindos, pero algo ariscos.

Me recordaba a Natalie Wood luego de un mal día. Me preguntó qué me había sucedido y lo primero que me dijo fue: "Esta rodilla está como quiere y no lo voy a permitir". Me sorprendía la determinación e intrepidez que Eugenia tenía para su edad, y comprendí que tal vez tuviera algo que ver con su ascendencia eslava. Pertenecía a la segunda generación de una familia de yugoslavos nacida en la Argentina. Masajeó mi rótula para despegarla, ya que la falta de movimiento la había adherido, pegué un grito que sobresalió y me dijo: "¡Pará!, los demás van a pensar que te estoy matando". "Me estás matando", le respondí. Ese cruce se repetiría casi todos los días durante más de un año, casi como un paso de comedia.

A medida que las jornadas se tornaban más calurosas se hacía más ameno ir a rehabilitación, y por más sufrimiento que me ocasionaran los ejercicios, los días que no iba me sentía rara. Había logrado cierta amistad con el personal y alguna camaradería con los pacientes de mi horario.

Carlos era otro de los fisioterapeutas que me enseñaba a caminar nuevamente. Era más joven que yo, pero no puedo explicar por qué parecía mayor. De la misma manera que no logro advertir por qué durante meses pensé que era el dueño del lugar cuando solo era alguien más parte del personal.

Tal vez por la seguridad en sí mismo que proyectaba y cómo hablaba con sus pacientes sin darles lugar a las excusas. Quique, uno de ellos, era un ex juez de enorme experiencia y conocimiento (a veces hablaba en latín) que se había jubilado a causa de un ACV. Me contó que el día después de su derrame cerebral, Carlos fue a su casa, lo alzó de la cama donde estaba postrado y lo llevó hasta la cocina, obligándolo a caminar. Gracias a eso, Quique no había perdido muchas de sus capacidades motrices y cognitivas.

Luego, leyendo los diarios, me enteré de que Carlos también era uno de los técnicos del equipo provincial de fútbol para no videntes, y que lo había llevado dos veces consecutivas a ser campeones nacionales. Más precisamente era "llamador", y quien tenía la tarea de guiar a los jugadores dándoles señales orientativas. Percibí que con Eugenia parecían la misma persona dividida en dos.

Como mis gustos musicales rara vez salieron del Reino Unido, cuando en una de mis sesiones de fisioterapia Carlos me preguntó qué música quería escuchar, dije Los Beatles, como para ir a lo seguro y no defraudar a los demás pacientes que también estaban haciendo sus ejercicios. Pensé que al menos disfrutaríamos de media hora de repertorio, pero al terminar el primer tema volvió a darle play al reggaetón de siempre, y que ya no soportaba escuchar más ahí adentro. "A mí tampoco me gusta, pero si no lo ponemos esto se cae", me dijo.

Y por un momento contemplé el escenario con otra banda sonora que no fuera la cotidiana; con "Look at all the lonely people" en vez de "Vamo'a hacerlo en una playa en Puerto Rico" y comprendí que tenía toda la razón del mundo. Solo bastaba ponerse un segundo en el lugar de esas personas para saber que todos lo que se encontraban allí merecían estar en una playa caribeña en vez de la húmeda y fría Liverpool. Me terminé acostumbrado a ese estilo de música y empecé a extrañar más bailar que caminar.

Conocía varias personas con dolencias, fracturas y amputaciones de diferentes miembros, pero aún creo que todo lo que sea un impedimento para el libre desplazamiento, es todavía más doloroso por la impotencia que produce. Lo entendí cuando soñaba que caminaba, que estaba en mi cama, sonaba el timbre y me levantaba como si nada a atender la puerta, hasta que miraba mis piernas, recordaba lo que me había pasado y me desvanecía. Vivir en zona sísmica se transformó en un trauma peor a mi pánico habitual por los terremotos. Era la pesadilla de querer correr y tener las piernas en cemento o congeladas, hecha realidad.

# CAPÍTULO VII

## EL DE LA VALENTÍA

En los centros de rehabilitación se hacen preguntas muy parecidas a las de la cárcel: "¿Por qué estás acá? y "¿cuánto te falta para salir?", con la diferencia de que todos los que están allí son efectivamente inocentes.

La mayoría de los pacientes había padecido accidentes cerebrovasculares, pero también concurrían amputados, accidentados y personas con casos asombrosos de los que yo nunca había escuchado; como el de Marina, de 24 años, quien estaba también en silla de ruedas y a la que le enseñaban a hacer los ejercicios de motricidad y encastre más simples y básicos. Apenas se expresaba y hacía movimientos involuntarios con su cuerpo, que estaba en constante contracción. Averiguando qué le sucedía me enteré de que, de un día para otro, de repente, su cuerpo falló en eliminar el exceso normal de cobre en sangre. Es un trastorno hereditario que provoca que haya demasiado cobre en los tejidos del cuerpo. Esto causa daño al hígado, riñones, articulaciones y al sistema nervioso. Yo ni siquiera sabía que una persona tenía cobre en su cuerpo.

Otro fue el de Esteban, un joven que quedó parapléjico después de haber estado en medio de un asalto y recibiera una bala en el medio de su columna. Como había sido bailarín de hip hop, ingresaba a la pileta desde la silla de ruedas haciendo una extraordinaria pirueta en la que solo usaba sus brazos y cabeza, y casi no salpicaba agua.

Pero el caso que definitivamente me hizo estremecer fue el de Martín, un rugbier de 20 años que tuvo un accidente en moto luego de que, manejando en la soledad de la ruta, se le atravesara una paloma que embistió contra su casco y le hizo perder el equilibrio. La fractura en su pierna complicó la arteria y habían tenido que amputársela. Pensé en a quién podía responsabilizar ese chico por lo que le había sucedido. ¿A la moto?, ¿a la paloma?, ¿a qué?, ¿a quién?

Tanto Marina como Martín no eran más que daños colaterales del azar mismo. No podían culpar al tráfico ni a la delincuencia ni a la mala señalización. Les pasó algo terrible y no les quedaba otra que seguir respirando para sobrevivir el día a día.

Cada tanto recibía mensajes de apoyo de conocidos con el objetivo de impulsarme a seguir adelante, a no aflojar. Hacían hincapié en lo fuerte, "luchadora" y "valiente" que yo era por estar soportando todo aquello, y que ellos no podrían atravesarlo. Yo les agradecía al principio, hasta que con el paso del tiempo, y mientras más duraba mi situación, ya les respondía que no, que no era tan fuerte y no quería tener que serlo. Padecer intenso dolor y seguir viviendo el día siguiente porque no te queda otra no es ser fuerte. No te hace valiente ni luchadora. Fuertes son los Cascos Blancos de Siria o las Madres del Paco. Soportar porque no hay opción no es valentía, es tan solo padecimiento. Valentía sería optar voluntariamente estar en esa situación. Yo no quería, solo no tuve elección.

Incorporar la expresión "lucha" en el mundo de una persona que está pasando por un momento doloroso (sobre todo físico) es tremendo. La palabra de por sí es agresiva y da la sensación de que se la obliga a ser fuerte en todo momento, a ser un héroe o heroína, y se la responsabiliza de superar una batalla que ni siquiera aceptó o buscó.

Una compañera de trabajo me contó una vez sobre una amiga, muy joven y profesional, a la que le había caído una moto voladora encima. Sí, metros cerca de donde ella caminaba hacia su oficina había ocurrido un violentísimo accidente que involucró varios vehículos, y una moto fue despedida por los aires hasta que cayó arriba de su cabeza. Su cerebro quedó muy afectado y tuvo que pasar años aprendiendo a hablar, comer, caminar y valerse por sí sola. Varios le remarcaban lo "valiente" que era por sobrellevar aquello, hasta que en un papel logró escribir y contestar: "No me queda otra".

No puedo hablar por ella, pero dudo que no haya preferido morir antes de tener que soportar todo lo que vivió. Me río al ver las noticias cuando hablan de impresionantes hechos violentos y que la víctima resultó hecha polvo pero "sobrevivió de milagro" o "por suerte" y que terminó siendo un "final feliz". No. Sobrevivir en esas condiciones no es un milagro, y el que lo piense jamás se dio una vuelta por un centro de rehabilitación. Final feliz es que tu cerebro se apague apenas estás cayendo para no sufrir.

"Al menos no perdiste la pierna", me llegaron a decir otros. Incontables noches deseé haberla perdido antes de que tener que lidiar con un miembro totalmente deshecho y que lo único que me provocaba era martirio continuo. No me importaba si la pierna era mía, de titanio o de palo. Solo quería dejar de sufrir.

Por más que iba solo dos horas por día a fisioterapia, al salir no funcionaba bien hasta el día siguiente. Era tal el malestar, que necesitaba toda la noche para recuperarme y recobrar fuerzas para al otro día volver a empezar. Comencé a tener que hacer elecciones insólitas, como bañarme o ir tomar algo de sol a la plaza de enfrente. Mi cuerpo no soportaba más de una o dos actividades por día.

Si los masajes de Eugenia en mi rodilla me habían parecido meritorios de unos cuantos gritos, nada quedaba entonces para las sesiones de "palanqueo". Todos los días me ponían boca abajo e intentaban doblarme la pierna a la fuerza a modo de palanca. Cuando terminaban de hacerlo quedaba devastada, con la cara pegada a la almohada, aquella que me servía para amortiguar los gritos, y empapada de transpiración y lágrimas. Siempre me pedían perdón luego de hacerlo. Volvía a mi casa vomitando del dolor.

Era tanto el tejido fibroso adherido que se había generado, que la rodilla había quedado con una flexión de apenas 10 grados cuando la natural es entre 130 y 150 grados, algo inconcebible si quería caminar sin bastón por el resto de mi vida.

Cada tanto mi jefe me preguntaba cuándo volvería a trabajar, pero de a poco me daba cuenta que no podía planificar nada o ponerle plazo a ninguna cosa. Ni cuándo retornaría al diario ni si lograría hacerlo, cuándo volvería a caminar, hasta cuándo haría rehabilitación o si a fin de mes iría a ese cumpleaños al que me habían invitado. Solo podía proyectar por horas o planear lo que haría en ese mismo día; todo lo demás era incierto salvo el presente. No había horizonte, solo una inmensa niebla cubriéndolo, y me dejaba avanzar unos cuantos metros por día.


*********


En 2012, uno de los diarios online más leídos de la región se había resignado en convocarme a llevar adelante la edición del fin de semana. Como había sido recomendada por el propio Christian, desconfiaban de sus elogios hacia mi trabajo y suponían que no eran demasiado objetivos. Con el tiempo conseguí demostrar que no se habían equivocado en llamarme, a pesar a ser la editora más joven de ese y otros medios de la zona.

El fin de semana me fue quedando corto y empecé a llenarme de proyectos que yo misma ofrecía: nuevos suplementos, columnistas, rediseños y hasta formas de monetizarlo. Poco después había aprendido a dejar lista la edición del diario del domingo en dos horas con solo un redactor a cargo. Esto significa que de 7 a 9 elaboraba cerca de 30 notas y a veces alcanzaba más tráfico que un día de semana con 6 o 7 periodistas en la redacción. Era lo más parecido a una máquina.

A los pocos años fui una de las escasas columnistas argentinas de BuzzFeed, uno de los medios más leídos del mundo, que con su irreverencia, tono desestructurado y contenidos virales, había logrado superar las lecturas del The New York Times o The Washington Post. Lo admiraba hace muchísimo tiempo y jamás había pensado que aceptarían publicar mis columnas, algunas de las cuales fueron traducidas a varios idiomas. Me sentía imparable y que no había límite, que ya había obtenido lo máximo que pudiera aspirar en mi profesión.

Si existe eso de "sentirse realizado", puede decir que lo había logrado. ¿Conforme? No, lejos. Siempre creía que podía empujar un poco más, correr más lejos, explorar más alto. Pero a veces el golpe de puño no viene desde adelante, sino ahí,

desde el costado, cerquita de uno, un domingo de
madrugada.

# CAPÍTULO VIII

## EL DEL DOLOR CRÓNICO

A medida de que mi hueso se fue recomponiendo y fui ganando fuerza en la pierna comencé a volver a caminar con ayuda y pasé al andador. Pese a los meses de ejercicios y fisioterapia, era tan desgastante y doloroso avanzar unos pocos pasos que optaba por no hacerlo. La idea me tiraba al suelo cada vez. Tenía 32 años y estaba prefiriendo no caminar. Pensaba en qué me quedaba entonces para después.

Empecé a estar más tiempo en la cama, esta vez por opción, y a mí alrededor comenzaron a preocuparse de que finalmente estuviera cayendo en depresión. Pero no era depresión lo que tenía, era dolor, dolor físico, pero como llevaba tanto tiempo con él, ya no me creían o bien había dejado de ser una novedad.

Volvieron a aparecerme trabajos, pero que no podía realizar, porque apenas lograba estar sentada más de 10 minutos. Luego entendí que no podía comprometerme y los rechazaba.

Pocas personas saben algo sobre dolor crónico, más allá del dolor momentáneo que muchos sienten y que suele irse con ibuprofeno.

Una ayuda: recordá tu peor dolor de cabeza. Pensá que se extiende durante todo un día y hacés tu mejor esfuerzo para atravesar tu rutina. ¿Cómo quedarías al final de esa jornada? ¿Abatido, malhumorado, preocupado? Ahora imaginá que ese dolor se dilata durante todo un mes. Difícil de presumir, ¿no? Pues suponé que se propaga durante todo un año completo. ¿Cómo estaría tu ánimo? ¿Y tus relaciones sociales? ¿Qué le responderías a una persona que te dice que te dejes de quejar y le pongas ganas al asunto? Eso es lo que siente y vive alguien con un dolor que se extiende más allá de seis meses. Es por eso que es tan importante saber qué decir y qué no, y para eso hay que saber escuchar y jamás asumir qué siente la otra persona, sino practicar la empatía, que es tratar de entenderlo. Salirte por un momento de tus zapatos para ponerte los de otro.

Comprendí que el dolor es el peor de los amos, aún más que la muerte. La muerte te aniquila, pero el dolor te subyuga. Decenas de veces dije que no sentía dolor cuando me preguntaban cómo estaba. Ante la falta de comprensión de muchos a un malestar tan extenso, prefería ocultarlo con un "ya me siento mejor".

Los médicos me recomendaron manejarme con "escalas de dolor" para ayudar a describirlo, donde 1 es "casi ningún dolor en absoluto" y 10 es "el peor que se pueda sentir". Pero al estar ante un dolor crónico, ya se hacía difuso indicar el paralelismo real. Como el dolor se dilataba durante tanto tiempo ya estaba acostumbrada a sentirlo en un cierto nivel, donde se hacía automático tolerarlo, e incluso apenas lo percibía. Me volvía a dar cuenta de que me dolía cuando este cambiaba su tipo, y en vez de "seco" se transformaba en "punzante" o "palpitante".

Cuando alguien me preguntaba, le decía que si me abriese en ese mismo momento el brazo con un cuchillo, sería capaz de no quejarme en absoluto. Solo sería un cuarto del padecimiento que estaba experimentando realmente. Mi umbral del dolor, más que un umbral, ya era la puerta del edificio de ensamblaje de la NASA.

Pocos saben que no hay una gran oferta de medicamentos disponibles contra el dolor. A uno le reconforta saber que no importa qué le suceda, el mercado químicofarmacéutico tendrá un medicamento analgésico justo para mitigar la dolencia, pero desgraciadamente eso no es tan así.

La escalera analgésica, según la Organización Mundial de la Salud, clasifica a estos según el nivel de dolor:

Dolor leve: analgésicos no derivados del opio y que tiene el denominado "techo analgésico", es decir, no importa qué tanto se aumente la dosis, el medicamento no acrecentará el alivio del dolor. Aquí figuran los más conocidos por orden de poder: aspirina, paracetamol, ibuprofeno, diclofenaco y ketorolaco. El ketorolaco suele prescribirse para fuertes dolores de muela, y la última vez que me dieron aspirina como analgésico creo que tenía 9 años.

Dolor moderado: y ¡hola!, ya pasamos a los opioides "débiles", y sin escala intermedia. Aquí figuran el tramadol y sus hermanas: codeína, vicodina, oxicodona y buprenorfina.

Dolor grave: se pasa a los opioides "fuertes", y figuran la morfina y sus primas, las hidromorfona, metadona, fentanilo y diamorfina.

Esto quiere decir que, con una fractura múltiple de fémur y cada vez que salía de una operación compleja, me administraban un combo compuesto por un analgésico para dolor leve (ketorolaco o diclofenaco) con un opioide para dolor moderado (tramadol). No quiero ser repetitiva, pero creo que quedó claro que mis dolores no eran leves ni moderados.

Ese combo también se recomienda para dolores menstruales intensos y fue el que le administraron a mi madre cuando estuvo internada por cáncer de colon con metástasis en hígado y pulmones. Fractura múltiple, cáncer, dolor menstrual o de muela, la formula ketorolaco + tramadol es la más usada en los hospitales y no hay mucha opción. Lo superior a eso es la morfina, y los médicos me habían dado un parche de "emergencia" para que guardara y usara en caso de extremo dolor, ya que los efectos adversos son numerosos. Si eso no es suficiente, resta el bloqueo del nervio que esté enviando el mensaje de dolor, el cual se neutraliza inyectándole anestésicos directamente. El bloqueo dura cerca de 36 horas.

Lo peor es cuando algunos médicos se enojaban al enterarse de que estaba tomando tramadol para el dolor, como si hubieran podido ofrecerme alguna alternativa menos adictiva. Lo cierto es que aún con todos los avances científicos, médicos y tecnológicos, en el siglo XXI no la hay.

Muchos hasta llegaron a recomendarme cannabis, pero en la escala de dolor se ubicaría un eslabón antes que el opio, por lo que eso y aspirina serían, para mí, casi lo mismo.

Ir a un médico a que trate tu dolor cuando difícilmente él haya padecido algo similar es casi tan incierto como acudir a un psicólogo que nunca tuvo un problema en su vida. Sí, uno está entregado a lo que aprendió el profesional en cuanto a la teoría, pero jamás podrá saber qué es lo que verdaderamente uno está sintiendo.

Tal vez esa sea la razón por la cual casi todo lo que se sabe respecto al dolor haya sido impulsado y descubierto hace no mucho tiempo por un competidor de lucha libre que murió debido a la cantidad de lesiones que tenía en su cuerpo.

John Bonica nació en Sicilia, en 1917 y emigró junto a sus padres y hermanos hacia Brooklyn, en 1927, buscando una mejor vida. A los pocos años de instalarse en los Estados Unidos, el padre de John murió, por lo que tuvo que salir a ganarse el sustento tanto para su familia como para él, que jamás desistió de su sueño de continuar sus estudios secundarios y seguir medicina.

Para ello, comenzó a trabajar en el circo como luchador y a inscribirse en pequeños torneos de lucha libre. Él, así como los demás, descubrieron que era bastante bueno y no tardó en convertirse en un verdadero profesional de la lucha; hasta se puso un seudónimo, Johnny "El Toro" Walker, y logró ser campeón mundial de peso pesado. Hoy figura en el Paseo de la Fama de Lucha Profesional.

Finalmente, John logró estudiar la carrera de sus sueños, alternando la lucha libre con los libros de medicina y acudiendo a las clases y prácticas totalmente moreteado, quebrado y con intenso dolor en su cuerpo, pero sin revelar su identidad oculta de luchador, totalmente contrapuesta con la de estudiante.

En 1944, y con solo 27 años, le asignaron a John el hospital donde estaban internados la mayoría de los soldados evacuados de la guerra mundial. Allí pudo ver con sus propios ojos el enorme dolor que padecían sus pacientes, y cómo no había nadie estudiando ese costado, más allá de sanar las heridas. De hecho, en el momento en que quiso saber más sobre el tema, se percató que de todo el material escrito sobre medicina en su facultad, solo había 17 páginas relacionadas al tratamiento del dolor. Incluso ver el enorme sufrimiento con el que su esposa Emma traía a su hija al mundo, y el despiste de los enfermeros, lo motivó, años más tarde, a desarrollar la anestesia epidural.

Ver esa realidad y su propia experiencia (participó en más de 1.500 luchas, fue operado decenas de veces y su cadera remplazada en múltiples ocasiones) hizo que en ese momento decidiera fundar la primera Unidad de Dolor, un espacio que años más tarde estaría en casi todos los hospitales del mundo, con la intención de brindar una mejor atención a los pacientes heridos de guerra. Para ello armó un equipo multidisciplinario de colegas, entre los que había neurólogos, neurocirujanos, traumatólogos y hasta psiquiatras. Fue la primera vez que alguien puso atención especial a lo que él llamó "la experiencia más compleja que puede atravesar un ser humano".

De ese conocimiento escribió el primer gran tratado sobre el dolor, denominado "La Biblia del dolor", en 1953, libro de cabecera de aquellos que tratan esa problemática y hoy un clásico en el campo.

Bonica fue el primero en hablar de dolor crónico, dolores fantasma (que veía en los amputados por la guerra) y fue pionero en desarrollar inyecciones que bloquean los nervios que transmiten el dolor. También logró revelar el rol significativo que el estrés y la depresión tienen en el dolor físico. Un verdadero avance de la ciencia, a fuerza de sufrimiento.

Sus propios estudiantes, que luego se convirtieron en sus médicos, aseguraron que Bonica debe ser la persona que más inyecciones bloqueadoras de nervios del dolor recibió en el mundo.

Bonica logró calmar el dolor de millones de personas porque siendo que él mismo lo padecía, podía lograr empatía al notar que otro lo sentía también, algo que absolutamente nadie había hecho antes, y el mundo apenas conoce sobre él.


*********


Un año había transcurrido y aún no podía doblar la rodilla más de 15 grados. Las adherencias de los músculos al hueso eran demasiado fuertes y mi cuerpo se dedicaba a fabricar fibrosis articular como si me pagaran por ello. Cada vez que Carlos me palanqueaba, debajo de mis gritos, lo escuchaba susurrar: "No me va a vencer…, esto no me va a ganar". Me asombraba cómo se había tomado la imposible flexión de mi articulación izquierda de manera tan personal. Imagino que pensaba que si podía hacer que un equipo de once jugadores ciegos saliera dos veces campeón nacional de fútbol, entonces podría con mi rebelde rodilla. Pero no.

Finalmente, y con mucho temor a mi reacción, los médicos me dijeron que debían volver a operarme. La idea era abrir la pierna sobre la misma cicatriz que ya tenía, extraer todos los clavos que me habían colocado antes, despegar la rótula, los músculos y hacer una flexión forzada bajo anestesia. Esto significa que entre al menos tres personas me doblarían la rodilla a la fuerza, a riesgo de fracturarla otra vez.

Si bien me explicaron que, por supuesto, yo podía desistir de hacerlo, la noticia me derribó. "Todo otra vez", "todo de nuevo", solo pensaba. Las noches en el hospital, las inyecciones en la panza, la palangana, la curación de heridas, la silla de ruedas, el andador, la fisioterapia, el dolor (más), la adicción a los calmantes, el tener que pedir ayuda molestando a los demás.

Si no accedía a todo ello, me dirigía, a los 32 años, a pasar el resto de mi vida caminando con la ayuda de un andador, y con los dolores secundarios en muñecas, hombros y cadera que eso conlleva. Todo lo que había ganado en un año entero y superado anímicamente se iba otra vez al tacho. Si antes no me había caído, ahora estaba por hacerlo.

Dado mi ánimo general, inicié mis sesiones con la psicóloga del centro de rehabilitación. El objetivo era alistarme mentalmente para afrontar cualquier decisión que tomase, operarme o no. Ya había pasado al bastón y todos me decían que era muy joven para caminar toda la vida con él. No sé si la idea me molestaba tanto, solo quería estar sin dolor, pero ni eso tenía asegurado. Lo cierto es que los psicólgos no vuelven el tiempo atrás.

Operarme significaba pasar por todo lo anterior otra vez, pero también asumir el riesgo de una infección grave o de una nueva fractura. Cada vez que empezaba a comprender mi realidad, esta cambiaba.

Mi pierna comenzó gradualmente a volverse más fría, ya que al no poder flexionar la rodilla, no facilitaba el paso de la sangre.

De a poco intenté prepararme para la compleja operación. Tenía tanto miedo de perder la pierna por una infección o de morir en el quirófano, que hasta dejé una carta de despedida escondida en mi ropero para que mi familia la encuentre en caso de no lograr sobrevivirla.

Los médicos me explicaron que para evitar las adherencias que mi cuerpo suele fabricar luego de cada cirugía, apenas me sacaran de la sala de operaciones me pondrían sobre una máquina de movilización pasiva continua. Se trata de un aparato que mueve la articulación de forma lenta mientras uno está en reposo. Poco a poco se puede ir aumentando la velocidad y grados de flexión.

El invierno me halló de nuevo en el quirófano, y la cirugía fue un éxito. Entendí la complejidad de la operación cuando me desperté y vi las salpicaduras rojas en el techo. "Fue un festín de sangre", habían sido las exactas palabras del traumatólogo. Estaba débil y blanca como un papel.

No bien me trasladaron a la habitación me colocaron sobre la famosa máquina. Al principio debía estar sobre ella durante toda la noche y luego serían dos horas seguidas, cuatro veces al día, en mi casa, durante un mes. Podía escuchar cómo las adherencias se rompían cada vez que la máquina me doblaba la rodilla.

Aunque el médico logró flexionarla totalmente bajo anestesia, sobre la máquina comenzaría desde los 40 grados, ya que los puntos podían abrirse. Era una carrera contra el tiempo. Le daba espacio a la cicatriz a sanarse, pero perdía tiempo valioso para doblar la articulación antes de que comenzara a fabricar fibrosis otra vez.

Ya en mi casa y, a medida que los efectos de la anestesia se disipaban, subirme al aparato era una verdadera tortura medieval. Christian tenía que abrigarme completa porque mi temperatura descendía de manera drástica, y me daba su mano para apretarla con todas mis fuerzas mientras mi rodilla se doblegaba mecánicamente con cada ir y venir de la máquina. Cada día era parir un hijo.

Al principio pensé que era por los sonidos del hospital que no conciliaba el sueño mientras estuve internada, pero en mi casa tampoco podía hacerlo. Había vuelto con insomnio y dormía unas tres horas por día, y la mayoría ni siquiera seguidas. El tramadol calmaría mi dolor y me relajaría para poder descansar, pero los médicos me recomendaron no volver a él, no solo por la lucha que entablé para superar la adicción, sino porque luego de un chequeo general me habían detectado el tamaño de mi hígado más grande que lo normal, presumiblemente por la cantidad de medicamentos que estaba tomando. A las dos semanas ya estaba volviendo al tramadol.

La flexión de mi rodilla había mejorado, y pasé de 15 grados a unos 40. Pero pese a eso, el dolor no se iba y había días que no podía salir de la cama. Si me levantaba durante la noche para ir al baño, aunque estuviera a unos pocos metros de mi habitación, comenzaba un dolor agudo que partía del muslo al tobillo, y me duraba al menos cinco horas. Debía caminar con ayuda todo el tiempo, porque al apoyar la pierna en el piso sentía un pellizco horrible en la rodilla.

Radiografías, tomografías y resonancias después, concluyeron que todo lo que rodea y forma a la rodilla (menisco, cartílago y tendones) estaban destrozado. También detectaron la presencia de osteofitos, que son protuberancias óseas que se desarrollan a lo largo de los bordes de los huesos, y están relacionados a la artrosis.

Es decir que los huesos de mi pierna se rozaban unos con otros al caminar y no había nada en el medio que amortiguara o lubricara esa fricción, provocándome un penetrante dolor. Sí, tenía la rodilla de una persona de 95 años.

# CAPÍTULO IX

## EL DE LA MUERTE HERMOSA

**"No voy a vivir así, quiero que lo sepas"**, le dije a Christian. Había superado una operación compleja, me había subido a una verdadera máquina de tortura y había estado un año haciendo sufridos ejercicios de fisioterapia para que al caminar dos pasos no pudiera continuar del dolor. Si a los treinta y pico tenía una rodilla deshecha que no me permitía caminar sin soportarlo, entonces no me esperaban buenas décadas de vida más adelante. La ecuación era obvia.

Averigüé por sustituir la rodilla totalmente y colocarme una prótesis, pero los médicos me lo desaconsejaron enfáticamente. Las prótesis de rodilla no soportan mucho roce y no duran para siempre, por lo que debería reemplazarla cada cinco años mínimo.

Generalmente se las recomiendan a las personas de edad avanzada, como para que pasen los últimos años de su vida sin dolor, pero yo no podía arriesgarme a atravesar una cirugía tan compleja cada poco tiempo durante el resto de mi vida. Básicamente era muy joven para una prótesis, aunque tuviera una rodilla de vieja.

Había llegado a una encrucijada, ya no había nada más por hacer salvo lo que ya estaba haciendo y el futuro no se veía mucho mejor. Esta vez el tiempo no sanaría las cosas.

Tenía días que decidía amarrar al perro negro, aceptarlo como incondicional compañía y llevarlo conmigo a donde fuera. Pero había otros donde entendía que ya no podía ni quería más, y me resistía a aceptar lo que me tocaba.

Reparé en que había pasado la mayor parte de mi vida adulta sufriendo, si no era física, entonces emocionalmente. Primero al haber tenido que pasar casi toda mi juventud al lado de un violento lunático. Luego con el imprevisto fallecimiento de mi madre, meses antes de mi accidente, y si bien siempre pensé que llegaría a viejita, pequeña y con el pelo blanco, mirando la novela o haciendo una comida, se fue muy joven, muy rápido, y no sabía si alguna vez podría superarlo.

Comencé a tener varios sueños en los que viajaba en el tiempo y me encontraba conmigo misma, pero de niña. Sabía que estaba soñando, pero que era un sueño realmente espectacular, y lo aprovechaba. Jugaba con mi yo de dos o tres años de edad, le hacía cosquillas, reíamos juntas, reconocía mis pecas en su pequeña cara. Era hermoso. No podía dejar de preguntarme en qué momento se complicó todo, cómo hice para tomar tantas decisiones desacertadas, como me atreví a lastimar a esa niña. Me odiaba por eso.

Me tomé un fin de semana para visitar el pueblo de mi abuela, Tunuyán, donde pasaba los veranos de chica y a donde solíamos ir con mi familia todos los fines de semana, y ver qué había sido de su casa. Casi todo en el lugar parecía haberse quedado detenido en el tiempo, salvo su hogar, el cual se había transformado en un negocio de ropa y suvenires gauchescos.

Le pedí a la dueña entrar al fondo del comercio y le expliqué quién era y qué relación tenía yo con ese lugar. Me dijo que no tenía registro de la persona a la que le había comprado la propiedad, pero que pasara adelante. En la habitación donde nos quedábamos a dormir con mis hermanas se había montado un depósito, y había cajas hasta en el baño. No pude avanzar más sin desvanecerme de melancolía. Lo que antes parecía un cuarto inmenso se había empequeñecido sin dejar rastro de lo que había sido.

Solía ver la casa de mi abuela, y su figura en particular, como un imperio indestructible. Era su castillo, una columna vertebral, un fuerte, algo que no cambiaría jamás, y si no era con ella entonces la reemplazaría mi madre. Pero de repente alguien había aplastado todo con un puño gigante, las tradiciones, las risas, las comidas, los viajes, los veranos… todo para poner un local de ropa. Demasiados cambios demasiado rápido, y apenas había logrado percibirlo.

Pasé varias noches planeando mi propia muerte. Suicidarse limpiamente es algo más difícil de lo que uno piensa. Tenía una pistola que hace tiempo había comprado legalmente, pero su poder de fuego era potente y dejaría un total enchastre que los demás, además de sobrellevar mi fallecimiento y pagar mi funeral, deberían limpiar. Era todo, menos justo.

Pensé en dispararme dentro de la bañera con una toalla en la cabeza, para que la sangre no se expandiera, fluyera por las cañerías y todo fuera más fácil de higienizar, pero pronto me di cuenta de que estaba pensando en el después y no en los momentos previos.

Me imaginé frente al espejo rodeándome la toalla en la cabeza, tal vez ésta cayendo sobre mis ojos, viendo dificultosamente, sentándome o apenas acostándome en la dura y fría tina y la idea no parecía confortable ni atractiva. No hay manera de desaparecer cómodamente sin dejar rastro, por lo que fui descartando la idea.

Eso por instantes me tranquilizaba, pero luego me preguntaba qué pasaría cuando el confort dejara de importarme, me levantara de la cama, tomara la pistola y me dirigiera al baño sin miramientos.

De repente recordé la historia de "el suicidio más hermoso", el de Evelyn Francis McHale, una contadora neoyorquina que, con 23 años de edad, se lanzó al vacío desde el mirador del Empire State en el piso 83, en el año 1947. Aunque dejó una carta suicida, nunca se supo por qué lo hizo y, una imagen tomada segundos después de su muerte por el estudiante de fotografía Robert Wiles, hizo que el hecho sea considerado hasta hoy como "el suicidio más hermoso del mundo".

Evelyn estaba a punto de casarse y esa mañana se había despedido de su prometido tan feliz como siempre lo hacía. Poco antes de las 10:30, ingresó al simbólico edificio, compró un ticket para subir al mirador del piso 83, estuvo allí unos minutos y se lanzó al vacío, 170 metros. Impactó en el techo de una limusina de las Naciones Unidas que estaba estacionada a la entrada del Empire State.

La pulcritud de su cuerpo (estaba perfectamente peinada y maquillada), la impavidez de su rostro y la forma en que su mano derecha quedó reposando al lado de su cabeza, mientras que la izquierda asombrosamente quedó sosteniendo el collar que tenía en el cuello, llamó la atención de todos. Evelyn parecía simplemente posar dormida sobre la inmensa abolladura negra de la limosina.

Wiles había escuchado el tremendo impacto y captó la imagen de la joven. La foto fue publicada en la portada de la revista Life con el título "El suicidio más hermoso".

"No quiero que nadie dentro o fuera de mi familia vea alguna parte de mí. ¿Podrían destruir mi cuerpo cremándolo? Les ruego que no me hagan ningún funeral o ningún tipo de ceremonia. Mi novio me pidió casarnos en junio. No creo que pueda ser una buena esposa para nadie. Él estará mucho mejor sin mí. Díganle a mi padre, que tengo muchas de las tendencias de mi madre. Evelyn McHale."

No habrá nunca suicidio más hermoso que ese.

*********

Christian trataba de persuadirme para salir de casa, pero la verdad prefería no hacerlo. Salir era luchar contra al menos cuatro o cinco cosas al mismo tiempo y la verdad no tenía ganas. En una oportunidad logró convencerme de ir a un shopping, y era tal el tumulto, que decidimos comprar pochoclo y comerlo en el estacionamiento.

Mientras lo hacía, observé a una pareja que salía de allí y arribaba a su camioneta con sus pequeños hijos para cargarlos en el vehículo. Eran jóvenes, bien parecidos y además de sus bebés traían bolsas de marcas varias. Iniciaron una coreografía de unos 10 minutos perfecta de vislumbrar y solo faltaba la música clásica acompañando la escena en cámara lenta.

Con las cuatro puertas abiertas de la portentosa 4x4 comenzaron a ubicar pertenencias e hijos en el habitáculo. Cada uno sabía qué hacer, casi ni hablaban ni levantaban la vista, se pasaban los elementos mutuamente, desfilaban de uno a otro lado de la camioneta, sentaban hijos en sus respectivas sillitas, sin llantos, sin peleas, acomodaban bolsas, hasta que finalmente encendieron el coche y se fueron. Pensé que eran unos excelentes jugadores de la vida, y como quien disfruta ver a un futbolista haciendo lo suyo, yo estaba encantada con el acto que acaba de presenciar a menos de un metro de distancia.

Hay gente que es excelente jugando a la vida. Sabe qué hacer, cuándo y le es fácil superar obstáculos, que por supuesto, tiene. Hay otros que, de tan mal que saben que juegan, prefieren no intervenir, y se quedan afuera mirando el partido. Yo estaba en ese grupo de espectadores. Muchos dicen que debemos descubrir cuál es nuestro rol en el mundo. Tal vez mi papel sea ese, el de rechazar el papel.

A los tres meses de mi última cirugía, ya me estaban operando nuevamente. No me dieron tiempo ni a pensarlo y me aseguraron que esta vez se trataba de algo simple y rápido para recomponer la rodilla. Me harían dos incisiones de cada lado, una para colocar una pequeña cámara y otra para insertar un elemento que se encargara de limpiar y limar imperfecciones que la cámara va mostrando.

Ahí estaba otra vez, entregada y podrida, sometiéndome a otra intervención para mejorar la flexión de la rodilla y aliviar el dolor, dos cosas que no me aseguraban, pero no quedaba otra que intentar.

Cada vez que ingresaba al quirófano se sentía más frío que la vez anterior. Durante la operación mi temperatura descendió tanto, que las enfermeras calentaron una decena de sachets de solución salina y las posaron sobre mí para evitar los temblores. Sí, la operación era simple y rápida, pero la realidad es que mi cuerpo no soportaba ser sometido a nada más: a gritos me pedía "basta".

Cuando desperté, cubierta en frazadas, el médico me levantó la pierna aún anestesiada y me mostró cómo la flexionaba sin dificultad hasta los 90 grados. Lloré de la emoción. Sabía que no lograría más que eso, pero representaba un logro sobrehumano desde los 10º con los que había comenzado todo esto.

El anestesista recomendó el bloqueo del nervio de mi pierna durante al menos 36 horas para evitar el dolor. Me advirtieron que al pasar ese efecto, debería volver al tramadol.

Fue casi automático: cumplidas las 36 horas y cinco minutos, desperté repentinamente de una corta siesta en mi propia cama con un dolor que me partía en dos. Comenzó a aumentar su intensidad de manera apresurada y las lágrimas dejaron de ser de emoción para volver a ser de dolor.

Mi aliado opiáceo comenzó a abandonarme y decidí, sin pensarlo demasiado, usar ese viejo parche de emergencia con morfina. Apenas tuve fuerzas para que Christian me lo pegara en la espalda. Le advertí que no me dejara sola, teniendo en cuenta mi facilidad para las alucinaciones. Dejé pasar varias horas para darle ventaja al efecto, y me di cuenta de que era como si me hubiera colocado un parche de agua termal, porque su resultado no fue más fuerte que todo lo que ya venía ingiriendo.

A los días me lo arranqué de un tirón y volví al tramadol. El mito inmaculado de la morfina caía arrugado y cobarde. Había pasado por toda la oferta farmacéutica de alivio del dolor y ya nada tenía resultado para mí.

Concluí que no importara cuál fuera la promesa, después de la cuarta operación, mi cuerpo no aguantaría ni un bisturí más. Tenía toda la seguridad de que al hacerlo, moriría.

# CAPÍTULO X

## EL DEL BASTÓN

Con mejor flexión y algo menos de dolor, volví a mis sesiones de fisioterapia y ya era una de las "antiguas" del lugar. Había visto entrar, terminar su tratamiento y salir a la mayoría de los que acudían a ese centro de rehabilitación. Yo aún caminaba con la ayuda del bastón y me ayudaban a tratar de dejarlo lentamente para ir recobrando mi equilibrio. La rodilla estaba lejos de ser la ideal, pero era demasiado joven para una prótesis.

El aprender (a la fuerza) a planear de acuerdo a horas, y no de acuerdo a días, meses o años, me hizo soltar varias preocupaciones futuras que se incorporarían tarde o temprano a esa agenda horaria pero que mientras, no estaban allí. ¿Para qué pensar en ellas si ni siquiera tenía la seguridad de si juntaría fuerzas para bañarme al final del día?

En cuanto a mi familia y amigos, descubrí que al fin de cuentas estuvo quien realmente quería que lo hiciera, y los que no, me dejaron de importar.

Cerca de mí comenzaron a impulsarme a escribir sobre lo que me había sucedido, pero no entendía cómo mi historia podría ayudar o impactar en los demás. No era tan importante como para una biografía y no tenía nada que brindar ni aconsejar que justificara la redacción de un texto de autoayuda. De hecho lo que aprendí fue cuán molestos pueden llegar a resultar esos compendios.

Fue hasta que escuché en la radio una entrevista al padre de un chico atropellado a la salida de su trabajo, en un centro comercial, quien cruzó por el medio de la autopista porque el puente estaba demasiado lejos y se tornaba peligroso a altas horas de la noche, donde ya había sido asaltado. Un hombre alcoholizado en una camioneta de alta gama lo había embestido y se había dado a la fuga.

El hombre lloraba al aire al imaginar lo que había sufrido su hijo, y se escuchaban los sollozos de la madre detrás del teléfono, a la distancia. Automáticamente recordé el "apagón" y pensé que si pudiera hacérselo saber a ese hombre y su esposa, al menos tendrían la seguridad de que su hijo no había sufrido y que su cerebro se "apagó" apenas fue encandilado por lo faroles del vehículo que lo arremetió.

A través del conductor del programa me encargué de que lo supiera. El hombre lo agradeció. No recuperaría a su hijo, pero supo que no fue una muerte dolorosa.

No le estaba ayudando ni mucho menos enseñando a ponerse de pie y caminar otra vez, pero sentí que al menos ponía un bastón a su alcance. Creo que lo tomó.

# CAPÍTULO XI

## EL DEL TABÚ DE LA AMPUTACIÓN

Luego de (más) meses de fisioterapia, finalmente hablé con mi traumatólogo para pedirle que desista de recetarme sesiones. Lo cierto es que ya estaba demasiado cansada y había llegado a una meseta en mi recuperación. No había nada más que hacer salvo ganar fuerza muscular. Sin embargo, el malestar, dolor y el bastón seguirían junto a mí de manera incondicional.

Como -para mi sorpresa- el médico entendió y accedió rápidamente, aproveché el tiempo de mi turno para mostrarle las fotos y videos de al menos tres mujeres que seguía a través de Instagram. Todas ellas de no más de 30 años, amputadas y con prótesis en alguna de sus piernas, pero llevando un nivel de vida que yo, con mi pierna "natural", no podía siquiera vislumbrar.

Particularmente le mostré la cuenta de la brasileña Paola Antonini, una modelo que perdió su pierna en un accidente y, con una prótesis, se muestra cada día haciendo ejercicio, deportes, piruetas y hasta bailando zumba.

La joven, que se iba a ir de vacaciones con su novio, se encontraba colocando las valijas en su auto cuando fue arrollada por una conductora alcoholizada.

Tras el trágico accidente, a Paola le tuvieron que amputar su pierna izquierda. Se le colocó una prótesis, pudo superarse y emprender su carrera como modelo. Hoy, sus publicaciones son virales y verlas me producía asombro, pero a la vez impotencia y tristeza.

Cada posteo era la demostración gráfica de que si hubiera perdido mi pierna, esta me provocaría menos dolor y podría lograr más movimiento e independencia que conservarla, pero destruida.

Luego de cuatro cirugías casi artesanales de los mejores médicos, dos años de fisioterapia y una insólita certeza, por primera vez le estaba proponiendo a mi traumatólogo la posibilidad de amputarme en vez de tener una pierna que no funcione y no me dejase caminar.

No solo me dijo que entendía lo que le estaba planteando, sino que, además, me dio la razón, y, en sintonía con lo que yo ya pensaba al respecto, le puso palabras a la cuestión: existe una ley no escrita en relación a las amputaciones, con mucho arraigo social de acuerdo a la idiosincrasia latinoamericana, donde es preferible, por lejos, no desprenderse de un miembro desecho, mientras que la amputación es casi una mala palabra, una solución impensada.

"He operado cerca de 20 veces la misma pierna, he colocado plataformas de casi 15 centímetros en un miembro acortado. Son personas que estarían mucho mejor con una prótesis, pero que prefieren ese estilo de vida y es imposibles recomendarles una amputación", me reveló, a la vez que me adelantó que ningún cuerpo médico o juez accedería a cortarme la pierna. "La única razón para amputarte es tu dolor, y es lo único que nadie puede medir, excepto vos", reconoció.

Mientras dejaba su consultorio, pensaba en todo el largo trecho que le resta, no solo a la medicina para entender que es el paciente el único que sabe lo que siente -y, por lo tanto, el único que tiene voz para elegir qué hacer-, sino también a la propia sociedad para desprenderse de ciertos tabúes, como el de mejor soltar en vez de sufrir, por ejemplo.

Al llegar a mi casa recordé un caso que no sabía bien si era mito o realidad. Había sorprendido a todos confesándolo en una entrevista a TyC Sports en 2014 que aún puede encontrarse en YouTube, luego lo desmintió y en 2017 lo volvió a decir.

Pero lo cierto es que no fue hasta ese momento que le presté verdadera atención, y de hecho, si bien conocía la información, recién ahí me tomé el trabajo de leer las textuales palabras del astro argentino de fútbol Gabriel Batistuta, quien narró cómo a los dos días de abandonar el fútbol ya no podía volver a caminar porque ante la ausencia de cartílago en sus tobillos, sus huesos rozaban unos con otros cada vez que apoyaba sus pies en el suelo.

"El dolor era insoportable de verdad, hasta tal punto que le pedí a un doctor que por favor me cortara las piernas porque no podía caminar. No quería levantarme a la madrugada a ir al baño porque sabía que esos tres o cuatro pasos me iban a hacer llorar.

"Un día estaba tan desesperado que agarré un avión y me fui a ver mi doctor. Le dije 'por favor, cortame las piernas'; me miró como diciendo 'estás loco'. Le dije que no puedo más, que era como un cuchillo, que no podía ni estar sentado, era un dolor que no puedo contar. Llegué ahí porque lo había visto al sudafricano Oscar Pistorius, con esas piernas, y dije 'esta es mi solución'.

El médico me dijo 'tenés 38 años, no puedo hacerte eso, yo no lo voy a hacer ni creo que haya mucha gente dispuesta a hacerlo tampoco, lo que vos necesitás es calidad de vida'. Y le contesté: 'La calidad de vida para mí, hoy, es eso: no sentir dolor'."

Al final del día, no basta con ser libre ni creer que uno lo es.

Sí, nos falta aprender del dolor ajeno. Nos falta un montón.

# CAPÍTULO XII

## EL DE LA "AUTOAYUDA" Y EL CAPÍTULO FINAL

"La mayoría de las personas no va hacia ninguna parte, es un milagro encontrarse con una que reconozca estar perdida". José Ortega y Gasset.


Muchos a quienes les mostré estos escritos antes de su publicación se percataban de que faltaba "el final feliz". Supongo que se preguntaban para qué tanto sufrimiento y escritura si no dejo una enseñanza de que encontré la felicidad en la tragedia para transmitirla y decirles a los demás qué hacer con ellos mismos. Pues no.

Sigo aprendiendo, sigo caminando, con dificultad, pero sigo. No queda otra. No encontré nada, y mucho menos la felicidad. Las experiencias dolorosas no dejan felicidad, y leer que otro está peor que uno, tampoco.

La felicidad es un estado aleatorio y efímero que por supuesto conservo y experimento de a ratos, pero ¿por qué tendría que someterme a un hecho lacerante para encontrarla?

La felicidad es un estado, pero no es el estado permanente de nadie. Si no, no habría tantos libros de autoayuda.

Sí, atravesé una situación horrible. Si seguía en el hospital es porque la estaba "luchando", si ya me encontraba en casa es porque logré "superarme", si sonreía es porque ya entonces era "feliz". Nada de eso nunca fue cierto. Jamás me atribuí ninguno de esos tres estados y es sorprendente la soltura que la gente tiene para arrojarlos con tal vehemencia.

La mayoría hemos visto, sobre todo vía redes sociales, lo que muchos ya denominan "porno inspiracional", donde se cosifica a un grupo de individuos para el placer o beneficio de otras. Se trata de ese video o imagen que muestra a una persona discapacitada haciendo una proeza que una sin discapacidad no podría: el hombre que toca el piano maravillosamente con los pies, la mujer que bucea en su silla de ruedas o la chica que "lucha contra" el cáncer y ahora viaja por el mundo.

El objetivo de ese consumo suele querer derivar en la falacia del célebre "podría ser peor" que tanto detesto. "Guau, mirá lo que hace esa persona que está mucho peor que yo. Y me quejo de mi realidad, que es mucho mejor que la suya. Y no solo eso, sino que logra hacer cosas extraordinarias que yo con mi vida ni siquiera intento por quejarme".

Lamentablemente, ese objetivo tan digno que se ve por fuera es perjudicial por varias razones. Una es que plantea la discapacidad como una tragedia, un mal, un castigo, algo "peor" que podría pasarle a la persona sin discapacidad, en contramano de lo que debería ser naturalizar e integrar. No es peor, no es mejor; es diferente. El discapacitado o enfermo de cáncer no es un recordatorio ambulante de que no debés quejarte porque podrías estar peor. Tu realidad es la tuya, y la del discapacitado es otra. Quejate todo lo que quieras. Solo vos sabés qué sentís.

La otra razón de por qué ese consumo que se quiere vender como inspiracional es tan nocivo es que nos obliga a los discapacitados —o bien a quien haya sobrevivido un cáncer, por ejemplo- a transformarnos en "héroes" para los demás. A inspirarlos. A tener un capítulo final que ilumine el camino de quien no está "tan peor". Lo siento, pero no es nuestra responsabilidad inspirar a nadie. Y no vas a aprender cómo sentirte más feliz con tu realidad por solo leer la mía.

La autoayuda tiene ese halo de ilusión sobre la libertad individual mezclado con una omnipotencia maravillosa. No solo plantea que uno es libre de elegir su propia suerte, sino que puede dirigirla con el pensamiento. El azar aquí no tiene lugar.

El pensamiento positivo es fácil de vender y de entender: si realmente querés conseguir lo que te proponés, poné una sonrisa en tu cara, pensalo mucho y con fuerza, y vas a lograrlo seguro. Si te va mal en tu trabajo, solo pensá que hay trabajos peores y hasta personas que no lo tienen, y seguí adelante. Si no lográs tener tu casa propia y te pasaste la mitad de tu vida alquilando, solo concéntrate en que algún día vas a ganar lo suficiente para hacerlo, porque por trabajar duro te lo merecés, por lo tanto sucederá. Si te dejó tu pareja, pensá que el tiempo todo lo cura. Si estás enfermo mentalizate que lo vas a superar y ganar la batalla, porque a las personas buenas le pasan cosas buenas, solo hay que desearlo.

Lamento decirlo, pero la autoyuda no ayuda. El optimismo y el pensamiento y actitud positiva no son la causa de éxito alguno, de logros ni de avances.

Fueron estos mismos compendios los que me demostraron que la venta de esta receta individualista superpoderosa que busca todo en uno mismo solo funciona porque convence a aquellos que la están pasando mal de que su vida o situación puede mejorar solo "pensándolo" así.

No es que opte por sentirme mal o ser negativa, tan solo que prefiero no vender esperanza. No dudo de las buenas intenciones de ese tipo de libros, creo que están cargados de ellas. Pero a veces uno no puede ayudarse a sí mismo, sino que necesita ser escuchado, apoyado y compartir lo que ha aprendido.

No estoy en contra de textos que se propongan mejorar la vida de las personas, estoy en contra de los que se proponen empeorarla.

Dar consejos y recetas sobre la manera en la que otros deberían vivir sus  vidas, y llegar al punto de convencerlos de que van a superar un mal solo proponiéndoselo así, es mucho más inútil que hacer preguntas y compartir experiencias que permitan crecer en el entendimiento y empatía para poder, verdaderamente, ayudar.

FIN

ACERCA DE LA AUTORA:

Eliana Toro

Periodista. Ex editora de MDZ Online y Tribuna de Periodistas. Colaboradora de Buzz Feed Español.

Actual editora de Mendoza Post.

INFOBAE

https://www.infobae.com/sociedad/2018/04/04/quiero-amputarme-la-pierna-no-aguanto-mas-el-dolor-estremecedor-pedido-de-una-mujer-dos-anos-despues-de-sufrir-un-accidente/

www.ingramcontent.com/pod-product-compliance
Lightning Source LLC
Chambersburg PA
CBHW070136260726
48658CB00001B/450